Selim Aïssel

Die spirituelle Psychologie

Die Grundlagen

I

Die spirituelle Psychologie - Teil 1
Die verschiedenen Vorträge wurden aus dem Französischen übersetzt und stammen aus folgenden Büchern:

- *Introduction à la 4ème Voie*
- *Spiritualité de la 4ème Voie*
- *Psychologie et Esotérisme de la 4ème Voie*

erschienen im Verlag:
Editions de la Lumière

Farren Bel Verlag, 66117 Saarbrücken
Herstellung: Ralph Nerbe
Druck: Sagim (Courtry - France)

ISBN: 3-935312-04-0

Selim Aïssel

Die spirituelle Psychologie

mich

Kenne dich selbst

Teil 1
(Die Grundlagen)

Farren Bel Verlag

Dem Mensch ist die Freiheit ~~nicht~~ tief ~~angeboren~~ versteckt, sie ist das Ziel seiner Arbeit an sich selbst.

Was heißt Freiheit

Freier Wille

Mineral – Fauna – Flora – Planeten, Körper
Sonnen, Galaxien Kinder des Kosmos
verbinden mit Chaos

Mensch – Geist – Kosmos – Seele
Chaos.

Ziele Seele – in Richtg. Kosmos

VORWORT

Dieses Buch besteht aus Vorträgen, die von Selim Aïssel gehalten wurden. Der gesprochene Stil, den ich als Übersetzer möglichst getreu wiedergegeben habe, wurde beibehalten, um das Lebendige in den Texten nicht zu verlieren. Das erklärt auch einige Wiederholungen und Redewendungen, die typisch für die gesprochene Sprache sind.

Die Texte konnten von Selim Aïssel nicht mehr vollständig durchgesehen werden.

Diese Schriften stehen im Rahmen einer mündlichen Unterrichtung, die von einem lebendigen Lehrer übermittelt wird und Bestandteil einer Reihe ist, die «der Vierte Weg» genannt wird.

Diese Lehre gründet auf den Unterrichtungen der Weisheitslehrer G.I. Gurdjieff, P.D. Ouspensky, de Faria und P.K. Ançari sowie der Psycho-Anthropologie.

✧

GRUNDLAGEN DER UNTERRICHTUNG

Die Unterrichtung der Psycho-Anthropologie in dem vorliegenden Werk hat jene Quelle zum Ursprung, aus der alle spirituellen Unterrichtungen entspringen, die in Mysterienschulen übermittelt werden. Oft wurden diese Kenntnisse auf unvollständige Art benutzt oder durch einen Philosophen, Psychologen, Religions- oder Sektenführer verstümmelt. Hier sind sie wiedergegeben, zusammengefasst und jedem Wahrheitssucher zugänglich gemacht, unabhängig von seinem religiösen oder spirituellen Standpunkt.

Diese Unterrichtung hat zum Ziel, Ihnen zu helfen, sich vom Zustand des «gewöhnlichen» Menschen dem des sogenannten «entwickelten» Menschen zu nähern.

Der ~~kosmologische~~ universelle Hintergrund der Unterrichtung ist, dass der Mensch Teil des Universums, Teil des Ganzen ist. Das Universum ist gemäß einem Plan geschaffen, nach dem alle Wesen und alle Dinge ihren Platz auf einem Schöpfungsstrahl finden, der von dem unendlichen Makrokosmos (Gott, das Absolute, der große Architekt des Universums, die Wahrheit...) zum endlichen Mikrokosmos herabführt, vom unendlich Großen zum unendlich Kleinen. Auf diesem Strahl nimmt der Mensch einen spezifischen Platz ein: Er lebt auf der Erde, umgeben vom Mineral-, Pflanzen- und Tierreich; über ihm die Sonne und die Planeten, die Milchstraße und die Galaxie, dann alle anderen Galaxien und das gesamte Universum. Das ist der Platz des Menschen in der Welt.

Die Unterrichtung erklärt, dass vom geistigen Gesichtspunkt aus die Essenz (der Geist) des Menschen durch den Schöpfungsakt der Eltern in Zeit und Materie hinabsteigt. Man sagt dann, dass sich die Essenz im physischen Leib verkörpert. Diese Essenz ist spiritueller Abstammung, und das ist auch der Grund, weshalb im Menschen immer ein Gefühl der Unbefriedigung zurückbleibt in Bezug auf das, was er im Materiellen verwirklichen kann. Wenn der Mensch aber auf die Erde hinabsteigt, so hat er dort ein Schicksal zu erfüllen und das genau zu der Zeit und an dem Ort, an dem er sich inkarniert hat. Die Umstände seiner Geburt und seines Lebens eröffnen ihm die Möglichkeit seiner irdischen Verwirklichung, seiner «Arbeit» oder seines «Weges».

Auf diesem Schöpfungsstrahl fällt der Mensch jedoch durch eine Besonderheit auf: Er kann einfach der normalen Entwicklung der Menschheit folgen, verschmolzen wie ein Wassertropfen im Meer der Evolution oder, und darin besteht seine Besonderheit, er kann sich entscheiden, sich schneller zu entwickeln, indem er die nötigen Anstrengungen unternimmt, um bewusst am Werden der Erde mitzuarbeiten und darin eine wichtigere, individuelle Rolle zu spielen. Er erreicht dann eine höhere Stufe auf dem Schöpfungsstrahl: Von dem Zustand des «gewöhnlichen» Menschen wird er zum «entwickelten» Menschen, den man auch «Eingeweihten» nennt.

Der Mensch wird mit einer nicht entwickelten Essenz geboren, er besitzt jedoch ungeahnte Möglichkeiten. Da die Eltern des Kindes die Essenz selbst nicht erkennen, wird ihre Erziehung um diese Essenz herum eine künstliche Persönlichkeit aufbauen. Diese bildet sich unter dem Einfluss der Konditionierungen und Erfahrungen, die das Kind im Kontakt mit seinen Eltern, Lehrern, seiner Familie und dem übrigen Umfeld erfährt. In der Entstehung dieser Persönlichkeit ist die Nachahmung ein wesentlicher Vorgang. Ein Teil dieser Persönlichkeit ist nützlich, sogar zum Leben in dieser Welt notwendig; ein anderer Teil ist überflüssig und wird auf dem Weg zu einem Hindernis. Daraus entsteht alles Falsche in einer

Persönlichkeit, die sogenannte «falsche Persönlichkeit». Mit der Zeit wächst die Persönlichkeit und überdeckt mehr und mehr die Essenz.

Der Mensch ist davon überzeugt, diese Persönlichkeit zu sein und weiß gar nicht mehr, dass sie nur ein künstlicher, durch die Erziehung entstandener Zusatz ist und dass er selbst in Wirklichkeit seine Essenz ist.

Die Evolution oder der geistige Entwicklungsweg beginnt dann, wenn der Mensch begriffen hat, dass er keine Einheit ist, sondern bestenfalls die Zweiheit von Essenz und Persönlichkeit, oder eher noch, eine Vielzahl kleiner «Ichs», die sich gemäß der augenblicklichen Beschäftigung oder Laune ändern. Die Arbeit beginnt, sobald der Mensch beschlossen hat, sich nicht mehr für seine Persönlichkeit oder für eines dieser kleinen Ichs zu halten. Erst dann kann ein Wachstum seiner Essenz beginnen. Diese kann nur auf Kosten der Persönlichkeit wachsen, indem sie sich deren Erfahrungen zunutze macht und nach und nach die falsche Persönlichkeit entlarvt und zerstört. Wenn Sie diese Prinzipien verstanden haben, beginnt Ihr wirklicher Kampf für die Wahrheit, den Sie nur durch Kenntnis, Bewusstsein und Anwendung der Prinzipien führen können. Welchen Weg der Entwicklung Sie auch gehen werden, erinnern Sie sich immer an folgende drei Grundsätze:

– Niemand kann an Ihrer Stelle kämpfen.
– Niemand kann sich an Ihrer Stelle ändern.
– Niemand kann sich an Ihrer Stelle entwickeln.

Ihre Essenz kann dann Ihre oberflächliche Persönlichkeit benutzen, die jetzt von allem befreit ist, was in ihr an Falschem war. Denn indem Sie sich von negativen Gedanken und Gefühlen befreien, schaffen Sie Raum für positive Gefühle. Stellen Sie sich Ihr Leben vor, befreit von dem Leid, das durch Hass und Neid entsteht, durch Eifersucht, Depression, Ängstlichkeit, Furcht, Sorge, Gleichgültigkeit, Langeweile, Streit, Aufregung, Verärgerungen... Stellen Sie sich vor, Sie könnten jeden Morgen beim Aufwachen voller Harmonie, voller Frieden, Hoffnung, Freude, Liebe und Zuversicht sein. Das ist auch eines der Ziele des Weges.

Es ist der Weg der Befreiung von allem Negativen in Ihnen. Er ermöglicht Ihnen, zu einem Menschen zu werden, der den besten Einfluss auf sein Umfeld und auf den Rest der Menschheit ausübt. In Ihnen und durch Sie beginnt sich die Menschheit zu wandeln. Für den Gläubigen ist es der Weg, der ihn zu Gott führt. Für den Atheisten ist es der Weg zur Wahrheit. Vielleicht verstehen Sie dann, dass die beiden Worte «Gott» und «Wahrheit» dieselbe Tatsache benennen. Im tiefsten Innern Ihrer selbst werden Sie dies suchen müssen, und der erste Schritt dazu ist derjenige, der durch Selbstbeobachtung zur Kenntnis seiner selbst führt.

Eine alte indische Legende erzählt, dass in frühen Zeiten alle Menschen Götter waren. Doch die Menschen missbrauchten ihre Göttlichkeit so sehr, dass Brahma, der Göttervater, beschloss, ihnen die göttliche Macht zu nehmen, um sie an einem Ort zu verstecken, an dem es ihnen unmöglich wäre, sie zu finden. Ein passendes Versteck musste also gefunden werden.

Andere Götter wurden im Rat zusammengerufen, um diese Frage zu lösen. Zuerst schlugen sie vor, man solle die Göttlichkeit des Menschen in der Erde vergraben. Doch Brahma antwortete: «Nein, das genügt nicht, denn der Mensch wird in der Erde graben und sie finden.»

Daraufhin rieten die Götter: «Dann lasst uns die Göttlichkeit an der tiefsten Stelle der Meere verstecken.»

Doch Brahma antwortete wiederum: «Nein, denn früher oder später wird der Mensch die Tiefen der Meere erforschen, und es ist sicher, dass er die Göttlichkeit eines Tages entdecken und sie an die Oberfläche bringen wird.»

Darauf sagten die Götter: «Wir wissen nicht, wo wir sie verstecken sollen, denn es scheint keinen Ort auf der Erde oder in den Meeren zu geben, den der Mensch nicht eines Tages erreichen könnte.» Da sagte Brahma: «Wir verstecken sie in seinem tiefsten Innern, denn das ist der einzige Ort, an dem er niemals suchen wird.» Seit dieser Zeit, so endet die Legende, hat der Mensch die Erde umrundet, hat erforscht, gegraben, ist geklettert und getaucht auf der Suche nach etwas, das in ihm selbst liegt.

Der Beginn eines Entwicklungsweges bedeutet vor allem anderen festzustellen, dass es ein höheres Bewusstsein als Ihr eigenes gibt, das man Gott oder das Absolute nennen kann. Auf dieses höhere Bewusstsein zielen Sie hin und ihm unterwerfen Sie sich sozusagen, indem Sie sich selbst für eine bewusste Arbeit an sich selbst entscheiden.

Der Begriff Arbeit schließt jedoch eine Anstrengung ein, und die wiederum beinhaltet den Begriff des willentlich angenommenen Leids. Genauer gesagt, handelt es sich hier um alle Opfer, die Ihnen das Leben in Ihrer Familie, Ihrer Arbeit oder in Ihrem Umfeld abverlangt, doch für Sie werden diese Gebiete zu Gelegenheiten der Arbeit auf Ihrem Weg. Denn für Sie kann es sich ganz sicher nicht darum handeln, sich in eine Hütte im Himalaja oder in ein Trappistenkloster zurückzuziehen. Diese Arbeit an sich selbst geschieht mit der Hilfe anderer, die auch im Dienste des Weges und der gesamten Menschheit an sich arbeiten.

Diese Umstände finden sich vereinigt, sobald man der Unterrichtung begegnet ist, durch einen Menschen beispielsweise, der die Kenntnis und deren Anwendung in sich trägt und sie in einer Schule des Vierten Weges unterrichtet.

✧

DIE RELATIVITÄT DES WISSENS
EINIGE ALS ANTREIBENDE KRÄFTE DER EVOLUTION

Ein Geheimwissen, beschränkt auf wenige?

Frage: Warum müssen esoterische Kenntnisse geheimgehalten werden, und warum sind die Mysterienschulen und Initiationszentren nur wenigen vorbehalten?

– In Wirklichkeit dürfen sie gar nicht geheimgehalten werden, denn sie sind nicht geheim! Es liegt jedoch im Wesen dieser Kenntnisse, dass sie weder ganz offenbart noch jedem bekannt gemacht werden. Aber niemand hält sie versteckt, es gibt gar kein Geheimnis.

Ein Wissen, das viele gar nicht wünschen und das großer Anstrengungen bedarf

Diejenigen unter Ihnen, die wirklich begonnen haben, sich auf einen Weg zu begeben, wissen sehr gut, dass der Erwerb esoterischer Kenntnisse schwere Arbeit und ständige, manchmal furchtbare Anstrengungen erfordert, sowohl für den, der diese Kenntnisse vermittelt, als auch für den, der sie zu erwerben sucht. Dennoch sind diejenigen, die dieses Wissen vermitteln, immer bemüht, so viele Menschen wie möglich anzusprechen. Sie können es aber nicht demjenigen aufzwingen, der nichts davon wissen will. Es gibt viele Menschen, die sich nur für alltägliche Dinge interessieren oder nur für Bereiche, die nichts mit diesem Wissen zu tun haben. Denjenigen, die wirklich dieses Wissen besitzen, wird oft vorgeworfen, sie wollten es für sich behalten; wenn Sie sich aber bei Ihren Verwandten und Freunden umsehen, so stellen Sie fest, dass der Großteil gar kein Interesse an diesem Wissen hat, es sogar ablehnt, und der Vorwurf, es nicht mitteilen zu wollen, fällt von selbst.

Menschen, die wirklich dieses Wissen erlangen wollen, müssen große Anstrengungen auf sich nehmen, insbesondere sich selbst gegenüber; es beinhaltet eine Arbeit sowohl an den Gefühlen als auch am Denken.

Die ersten Schritte macht man zunächst ganz unwissentlich auf dieses Wissen zu, durch Dinge geleitet, die jedem gegeben werden, etwa durch ein Buch, auf das man zufällig stößt, durch die Begegnung mit jemandem, der sich für diese Dinge bereits interessiert, durch eine Radio- oder Fernsehsendung oder auch nur durch ein paar Sätze, die man hier und dort aufgeschnappt hat. Diese Hinweise erreichen jedoch nur Menschen, die dafür offen sind.

Andere glauben sich ernsthaft für dieses Wissen zu interessieren, stellen sich aber vor, dass dies alles ohne Anstrengungen und von alleine kommen kann. Jeder von Ihnen weiß, dass zum Erlernen eines Handwerks vier oder fünf Jahre notwendig sind, zum Abschluss eines Studiums sechs, sieben Jahre und zum Erlernen eines Musikinstruments sogar über zehn Jahre nötig sind. Dieses Lernen bezieht sich aber auf Kenntnisse der materiellen Welt. Und da glauben manche tatsächlich, dass auf dem Weg zum wahren Wissen keine Anstrengung und keine Lehrzeit erforderlich sei! Zum Studium des wahren Wissens braucht man mehr Intelligenz, mehr Empfindungsvermögen und vor allem mehr Willen, als für alle übrigen Kenntnisse.

Ohne diese Eigenschaften, insbesondere ohne diesen Willen, kann keiner dieses Wissen erlangen, doch glücklicherweise ist der Wille eine Eigenschaft, die man nach und nach erwerben kann. Ansonsten bleibt man im Leben immer hin- und hergeworfen zwischen Ereignissen, Gedanken, Gefühlen, Empfindungen und Urteilen, die man in sich trägt, und dies alles ist keine brauchbare Basis für einen Entwicklungsweg. Es gibt Menschen, die lehren, das Wissen könne ohne Anstrengungen erworben werden. Ich verstehe, dass eine solche Behauptung manchen gefallen kann, da in der heutigen Zeit viele das Recht für sich in Anspruch nehmen, alles schnell und ohne Mühe zu bekommen.

Manche Lehrer behaupten sogar, das Wissen könne man im Schlaf erlangen. Die Amerikaner haben da eine interessante Technik entwickelt, wobei durch eine Kassette, die im Schlaf abgespielt wird und die das Gehirn unbewusst registriert, die Speicherung einiger Kenntnisse erleichtert werden kann. Aber ganz sicher führt dies nicht zum Wissen.

Ein Weg, der die Hilfe eines Menschen verlangt, der diesen Weg schon einmal gegangen ist

Andere wiederum sind bemüht, das Wissen über alle notwendigen Anstrengungen allein zu erlangen. Diese sind aber auf einem Weg, der nicht weit führt, der ihnen vielleicht höchstens ein wenig helfen kann, sich selbst kennen zu lernen. Denn das Wissen kann man nur mit Hilfe eines zweiten erlangen, der diesen Weg bereits gegangen ist.

Die Mengenbegrenzung des Wissens Eine Eigenschaft der Materie

Ich sagte vorhin, dass es in der Natur des Wissens selbst liegt, dass es nicht jedem gegeben werden kann. Das ist ein absolutes Prinzip, das man nur dann verstehen kann, wenn man begreift, dass alle Arten von Kenntnis stofflich sind, wie alle Dinge auf der Erde. Dadurch besitzt sie alle Eigenschaften der Materie und eine davon ist die mengenmäßige Begrenzung. An einem bestimmten Ort und zu einer bestimmten Zeit ist alles begrenzt. Sogar die Wassertropfen im Meer und die

Sandkörner in der Wüste. Es gibt davon eine sehr große Menge, aber auch diese Menge ist begrenzt und messbar.

An einem gegebenen Ort und zu einer gegebenen Zeit ist auch das Wissen nur in einer bestimmten Menge vorhanden. Im Verlauf eines bestimmten Zeitabschnitts verfügt die Menschheit über eine bestimmte Menge an Wissen, die dem Bewusstseinsgrad der Menschen entspricht. So entspricht das heutige Wissen dem Bewusstseinsstand des Menschen von heute.

Frage: Sprechen Sie von dem eigenständig wahrgenommenen Wissen, oder von dem, das man auch in Büchern findet?

– Ich spreche von der höchsten Form des Wissens, die im Laufe eines gegebenen Zeitabschnitts erlangt werden kann.

Frage: Von der intellektuellen Kenntnis?

– Von jeder Kenntnis.

Frage: Ist diese Begrenzung nur auf der Erde gegeben oder auch in der geistigen Welt?

– Sie ist an die Erde gebunden, andererseits aber auch an höhere Welten. Sie erinnern sich an die verschiedenen Welten der Gnosis. Das Wissen ist in jeder dieser Welten ebenfalls begrenzt.

Eine Wirksamkeit des Wissens, die an seine begrenzte Verteilung gebunden ist

Eine weitere Eigenschaft des Wissens ist ebenfalls mit seiner Stofflichkeit verbunden:

Sie haben einen Liter Wasser. Sind acht Durstige da, können Sie jedem ein Glas Wasser geben und ihr Durst wird gestillt. Soll die gleiche Menge jedoch auf fünfhundert Durstige verteilt werden, bekommt jeder nur einen Tropfen und die Wirkung ist gleich null.

Genauso ist es mit dem Wissen: unter allen verteilt verliert es jegliche Wirkung. Würde das gesamte Wissen unter den sechs Milliarden Menschen der Erde aufgeteilt, so wäre das

Ergebnis gleich Null, denn jeder würde einen so winzigen Teil bekommen, dass es nichts an dem ändern würde, was er ist, weder an seinem Weg, noch an seiner Handlungsweise im Leben.

Wird diese gleiche Menge an Wissen einigen wenigen gegeben, so sind die Ergebnisse gewaltig, weil von dieser Gruppe Impulse ausgehen können, die die Welt ändern und Zivilisationen erschaffen können. Nicht die Masse erschafft die Zivilisationen, sondern einzelne Menschen, denn mit der großen Menge an erhaltenem Wissen können diese schöpferisch werden. Stellen Sie sich vor, Sie wollen ein Haus bauen und geben jedem Architekten der Gegend den Auftrag, einen Quadratmeter zu planen. Es gibt Dinge, die darf man nicht zu sehr aufteilen.

Zuhörer: Es wird ja gar nicht verlangt, das Wissen aufzuteilen, sondern es jedem zu geben, und zwar allen das gleiche, oder jedem das, was er gerade begreifen kann.

Ein Wissen, das den anderen dienen muss

– Ich habe versucht Ihnen zu erklären, dass gerade die mengenmäßige Begrenzung ein Merkmal des Wissens ist, und dass es deshalb nur einer begrenzten Anzahl gegeben wird. Und jetzt verschwindet die scheinbare Ungerechtigkeit den die Menschen, die das Wissen aufnehmen und die diese Kenntnisse dann anwenden, werden später zu Schöpfern. Es ist ein fundamentaler Grundsatz dieses Erkenntnisweges, dass die Menschen, die diese Kenntnis erhalten, sie auch in den Dienst der anderen stellen müssen.

Frage: Nehmen wir den Fall einer recht verbreiteten Kenntnis, die der Reinkarnation zum Beispiel. Inwiefern wäre es schädlich, wenn jeder diese Kenntnis besäße?

– Ich spreche von Wissen. Sehen Sie, heute weiß jeder, dass man gut und gerecht sein soll. Jede Gesellschaft, jeder Staat kennt dieses Prinzip. Was geschieht jedoch in der Welt? Überall sind Kriege, und es geht auch so weiter. Die Tatsache, dass das Wissen demokratisch in der Welt verteilt wird, bedeutet noch lange nicht, dass sich deswegen die Welt bessert. Im Gegenteil, alles verfällt. Wir sind in einer Zeit, in der die Zivilisationen entarten, in der sogar die Erde selbst zerstört wird, in der die Menschheit von der Auslöschung bedroht ist, weil alle Kenntnisse auf der ganzen Welt verstreut wurden. Und dies ist nur der Anfang dieser Entwicklung.

Sehen Sie konkret wie die Dinge geschehen!

Zuhörer: Vergleichen wir das Wissen mit der Sonne. Niemandem wird doch etwas genommen, wenn jeder ein wenig von der Sonne profitiert.

– Das ist kein guter Vergleich. Die Sonne besitzt eine praktisch unerschöpfliche Energie, zur Zeit jedenfalls.

Frage: Und das Wissen ist nicht unerschöpflich?

– Das versuche ich, verständlich zu machen. Das Wissen ist an einem bestimmten Ort und zu einer bestimmten Zeit in begrenzter Menge vorhanden. Das ist ein Grundsatz.

Frage: Wegen der begrenzten Fähigkeit es zu empfangen?

– Zum Teil. Aber das Wissen selbst ist zu gegebenem Ort und gegebener Zeit in begrenzter Menge da. Folgen Sie meinem Gedankengang. Führen Sie sich einfach die Tatsachen vor Augen: Sie haben ein Stück Holz von einer bestimmten Größe, und können es in eine bestimmte Anzahl Stücke zerschneiden...

Zuhörer: Das würde aber doch bedeuten, das Wissen als etwas Stoffliches aufzufassen!

Die Kenntnis: Schöpferin von Zivilisationen, weil sie nur von einigen ausgeht

– Ich sage Ihnen ja gerade, dass es messbar ist. Dies übersteigt, was Sie akzeptieren können, aber wenn Sie die Fakten betrachten, dann stellen Sie fest, dass es in Wirklichkeit genauso abläuft: Wissen schafft nur dann Zivilisationen, wenn es von wenigen ausgeht. Das ist die Realität.

Zuhörer: Gott oder der sogenannte Weltengeist lassen sich aber doch nicht messen!

– Gott lässt sich nicht messen, da er der Sonne gleicht. Das Wissen aber ist immer für eine gewisse Zeit und einen gewissen Ort bestimmt. Wenn Sie nicht die Relativität des Wissens erfassen, verstehen Sie nicht, was ich sage.

Ich wiederhole es, das Wissen gehört zur Welt der Materie und damit besitzt es Eigenschaften der Materie.

Zuhörer: Das scheint schrecklich abstrakt!

– Deshalb versuche ich, es Ihnen auf konkrete Art begreiflich zu machen. Sehen Sie, wie die Vorgänge in der Welt ablaufen!

Frage: Wie lange kann dieser Zustand der Begrenzung des Wissens anhalten?

– Bis das Wissen nicht mehr an die Materie gebunden ist.

Zuhörer: Jesus Christus sagt aber doch zu seinen Jüngern, überall die frohe Nachricht zu verkünden, und der Sämann in seinem Gleichnis sät doch auch überall.

Konkrete Tatsachen: wie die Entwicklung der Welten abläuft

– Verfolgen Sie den Gedankengang bis zum Ende. Alle Ihre Überlegungen sind nur bruchstückhaft. Was geschieht im Gleichnis des Sämanns? Der Samen keimt dort, wo die Erde gut ist, an bestimmten Stellen also und nur zur passenden Jahreszeit.

Zuhörer: Ja, aber gesät hat er doch überall.

– Bis er am Ende seines Feldes ankam oder bis ihm der Samen ausging. Seien Sie realistisch in Ihrem Denken. Sehen Sie sich konkret an, wie die Evolution auf der Erde abläuft. Was ich heute Abend erkläre, ist nur eine andere Art, die Evolution zu betrachten.

Das Problem liegt darin, dass Sie vorgefertigte Meinungen über die Voraussetzungen haben. Sie lassen nicht gelten, dass das Wissen Merkmale der Materie besitzt, und unter dieser Voraussetzung können Sie nicht verstehen. Jemand, der dies annimmt und die konkreten Vorgänge in der Welt betrachtet, kann es verstehen.

Dies ist auch der Grund, weshalb wir von gegebenem Ort und gegebener Zeit sprechen. So leben wir und wir können nicht anders leben. Dies gilt jedoch nicht mehr, wenn der Mensch die Stofflichkeit überwindet, wenn er den Kreislauf der Reinkarnationen und des Karmas durchbricht. Folgen Sie Ihren Gedanken immer bis an ihr Ende.

Zuhörer: Das Problem ist die Quantifizierung der Kenntnis.

– Man muss verstehen, warum das esoterische Wissen nur einigen gegeben wird und warum es geheimgehalten werden muss. Die Antwort ist die Menge. Dies knüpft an das Thema eines vorangegangenen Vortrags an über die Notwendigkeit, dass «ätherische Kräfte» ausreichend vorhanden sein müssen, damit die Erde sich weiterentwickeln kann. Wenn diese notwendige Menge nicht mehr vorhanden ist, hört die Entwicklung auf. Es handelt sich um dieselben Dinge unter zwei verschiedenen Aspekten.

Frage: Man spricht aber doch immer von Mysterien, die nicht enthüllt werden können. Diese Dinge werden also wirklich geheimgehalten?

Die Mysterien: nur Stufen auf dem Weg des Wissens

– Durch wen könnten sie geheimgehalten werden?

Zuhörer: Durch die, die sie enthüllen müssten.

– Die Vorträge, die hier gehalten werden, antworten auf alle Fragen über die Mysterien. Jemand, der allerdings zum ersten Mal hierher kommt und eine Frage stellt, auf die erst nach zehn oder nach hundert Vortragsstunden geantwortet werden kann, darf keine Antwort erwarten, wenn nicht eine Antwort, die für ihn geheimnisvoll sein wird, da er noch nicht verstehen kann, was ihm geantwortet wird. Nur darin liegt die sogenannte Esoterik. Ein Weg führt zum Wissen, und wer am Anfang des Weges ist, kann weder die Kenntnis von der Mitte noch vom Ende des Weges erhalten. Es gibt da kein Geheimnis, sondern nur das Vorankommen auf dem Weg des Wissens.

Die Notwendigkeit der Initiationszentren

Das Wissen ist an einem bestimmten Ort und zu einer bestimmten Zeit begrenzt. Dies erklärt auch die Notwendigkeit von Einweihungszentren und esoterischen Schulen, in denen einige Menschen einen geistigen Entwicklungsweg gehen können. Diese Notwendigkeit besteht, weil das Wissen nur dann Auswirkungen auf die Menschheit hat, wenn es durch einige weitergetragen wird. Das ist nicht abstrakt. Sie können nur dann ein Kunstwerk bewundern, wenn jemand die notwendige Technik erworben hat, um es zu erschaffen.

Frage: Braucht man eine bestimmte Anzahl an Personen?

– Wenn keine ausreichende Menge da ist, wird das Wissen nicht übermittelt.

Frage: Steht die Anzahl der Menschen, die Zugang zum Wissen haben, mit der zur Verfügung stehenden Wissensmenge in Zusammenhang?

– Es gibt niemals genug Menschen, die Zugang zum Wissen erlangen.

Zuhörer: Sie sagten, es dürfte auch nicht zu viele geben.

– Das habe ich nicht gesagt. Ich sagte, dass das Wissen nicht jedem gegeben werden kann. Das bedeutet aber nicht, dass die Zahl der Menschen begrenzt ist, denen die Möglichkeit zum Erlangen dieses Wissens gegeben ist.

Diese Zahl wird natürlich dadurch begrenzt, dass es niemals genug Menschen gibt, die sich ernsthaft dafür interessieren. Sehen Sie sich hier um: Wie viele sind zu den Vorträgen eingeschrieben? Etwa Hundert. Von diesen Hundert gehören etwa Sechzig zum höheren Zyklus und unter diesen Sechzig sind wie viele, die sich wirklich ernsthaft bemühen?

Frage: Was verstehen Sie unter ernsthaft?

– Nur diejenigen, die begriffen haben, dass das Wichtigste dieses Wissen ist und die alle Maßnahmen treffen, um es zu erlangen. Wie viele sind ernsthaft? Fünf oder auch nur Vier?

Frage: Kann ein einziger reichen?

– Ich bin hier, weil ein einziger reichen kann, und an ihn wende ich mich.

Frage: Kann sich etwas anderes äußern, wenn es zwei sind?

– Sobald ein zweiter da ist, äußert sich etwas anderes. Aber wir sind alle an einem unterschiedlichen Punkt dieses Erkenntnisweges. Sogar jemand, der nur einmal hierher kommt, ist für immer durch das berührt, was hier gesagt wird. Sogar, wenn er nichts versteht, sogar, wenn zufälligerweise der Abend für ihn völlig uninteressant war. Er steht an einer bestimmten Stelle des Weges und wir sind jeder an einer unterschiedlichen Stelle, keiner von uns ist vollkommen, kein inkarnierter Mensch ist es. Aber jede Hoffnung ist für jeden und immer erlaubt.

Je mehr Ernsthaftigkeit man aber in sich erschafft, desto schneller und besser kommt man voran. Ich erinnere mich, wie Krishnamurti oft seine Vorträge begann. Er kam in den Saal, in dem die Zuhörer miteinander redeten, und er begann damit, indem er sagte, er bedauere wirklich, niemand Ernsthaften im Saal anzutreffen, denn sonst würde Ruhe herrschen, und jeder wäre damit beschäftigt, sich auf den Vortrag vorzubereiten. Und dennoch ist er 70 Jahre durch die Welt gereist und hat Vorträge gehalten.

Zuhörer: Vorhin dachte ich auch an Krishnamurti. Er sagte auch, dass, wenn auch nur ein einzelner Mensch eines Tages seine Unterrichtung begreifen würde, die restlichen Menschen gerettet seien.

– Kurz vor seinem Tod sagte er einer Vertrauten, sein größtes Bedauern sei, dass er den Eindruck habe, unter allen, die ihn gehört hatten, sei keiner gewesen, der ihn wirklich verstanden habe. Und es gibt eine ganze Menge Leute, die glauben, ihn verstanden zu haben.

DIE VORAUSSETZUNGEN DER GEISTIGEN ENTWICKLUNG: WISSEN UND SEIN DURCH MEDITATION UND SELBSTERINNERUNG ZUR KENNTNIS SEINER SELBST

01.04.92

Warum folgen wir einer Unterrichtung der Geisteswissenschaft?

Die Hinweise, die heute Abend gegeben werden, können auf den ersten Blick sehr bruchstückhaft erscheinen, Sie werden den Zusammenhang erst später erkennen. Es ist wichtig, sie als Grundlage für die nächsten Vorträge gut zu verstehen.

Versuchen Sie jetzt, alles zu vergessen und sich nur die Frage zu stellen, warum Sie zu diesen Vorträgen kommen. Ist jemand hier, der einen Grund weiß?

Verschiedene Zuhörer:

– Um seine Entwicklung in Richtung eines bestimmten Wissens zu ermöglichen.

– Weil man in der Vergangenheit immer wieder auf ungeklärte Fragen stieß.

– Um besser zu verstehen.

– Ich finde, dass ich heute das Leben besser annehmen kann, ich verstehe es etwas besser.

– Um sein Wissen zu erweitern.

– Dienstag ist ein Tag, an dem ich meistens niemanden empfange. Morgens schreibe ich den Vortrag, der für den Abend und für Mittwoch vorgesehen ist, dann gehe ich spazieren, und wenn ich zurückkomme, passt er mir meist nicht mehr; ich ordne den Vortrag ein und schreibe einen neuen, und wenn dieser fertig ist sage ich mir, dass ich eigentlich einen besseren schreiben könnte und schreibe einen dritten. Im Laufe der Monate sammeln sich so die Vorträge an. Inzwischen sind es Hunderte, die darauf warten, gehalten zu werden, zumal ich Dienstag abends sehr oft, kurz bevor ich in den Vortragssaal komme, es mir noch einmal anders überlege und nur einige Stichworte zu Papier bringe, die ich aber wiederum oft verwerfe, wenn mich unten jemand auf etwas anspricht und ich mir sage, dass dies ein Thema ist, das es wert wäre, besprochen zu werden.

Auf dem Weg zu etwas Größerem, Schönerem und Wichtigerem

Bis jetzt habe ich ältere Vorträge aufgegriffen, die der Einführung dienen sollten. Ich habe beschlossen, diese nicht fortzuführen. Die folgenden, die drei- oder vierhundert, die ich hier nicht gehalten habe, werden Sie in den Büchern finden, die bald gedruckt werden. Ich werde einen neuen Vortragszyklus beginnen. Eigentlich habe ich selbst auf die Frage von vorhin geantwortet: Wir nehmen vielleicht an den Vorträgen der Geisteswissenschaft teil, weil wir glauben oder wissen, dass sich hinter dem oberflächlichen Leben, das wir alle kennen, etwas befindet, das größer, schöner, auf jeden Fall aber wichtiger, sogar sehr viel wichtiger ist. Und vielleicht ahnen wir in unserem tiefsten Inneren, dass dieses Etwas so wichtig ist, dass daneben alles Übrige keine Bedeutung mehr hat.

Manche stellen sich die Frage: Gibt es dieses Etwas überhaupt? Dieses Etwas gibt es. Dieses Etwas, das anders, größer, schöner und wichtiger ist, existiert wirklich. Und man kann die Gewissheit seiner Existenz erlangen, man kann es sogar erleben. Es ist das Wissen, von dem man in esoterischen Schulen spricht, und deren Lehrer es kennen und danach leben.

Das Wissen über die Welt durch das Wissen über sich selbst erlangen Wissen und Sein entwickeln

Es reicht nicht, sich diese Dinge nur anzuhören, denn das wäre wiederum eine neue Ansammlung von Wissen, die zu nichts führt. Der wahre Weg zu diesem Wissen, einem Wissen über die Welt und das Universum, beginnt immer mit der Kenntnis seiner selbst. Und diese Kenntnis seiner selbst sind nicht die Ideen, die Illusionen, die man von sich hat, sondern dazu muss man wirklich kennen lernen, wie man beschaffen ist. Wenn es Ihnen nicht gelingt, sich selbst kennen zu lernen, werden Sie auch nie verstehen, werden Sie auch die Welt nie wirklich kennen lernen. Das Wissen, das Sie ohne die Kenntnis Ihrer selbst erlangen können, wird sehr begrenzt und verfälscht sein. Und ohne die wahre Kenntnis seiner selbst endet man dort, wo die Wissenschaft heute endet: bei der Zerstörung des Menschen und der Erde, beim Stillstand der Evolution. Eine wahre Kenntnis seiner selbst trägt Wissen und Sein des Menschen in sich. Eine wahre Entwicklung des Menschen beinhaltet sowohl die Entwicklung des Wissens als auch der inneren Werte des Menschen, der sich dieses Wissen aneignet.

Drei Gesetze, die das Universum lenken

Heute Abend werden wir versuchen, das uns umgebende Universum etwas besser zu verstehen, die sichtbaren und unsichtbaren Welten, von denen wir oft gesprochen haben, indem wir die großen Gesetze kennen lernen, die diese Welten lenken. Unter dem Aspekt von heute Abend haben wir drei

Hauptgesetze. Es sind Gesetze, die das Universum lenken, also universelle Gesetze. Ich betone das hier, da alle anderen in ihrer Wirksamkeit sehr viel eingeschränkter sind. Das erste ist das «Prinzip der Triade» oder «das Gesetz der Drei»:

1. aktive Kraft
2. passive Kraft
3. ausgleichende, neutralisierende Kraft

Das zweite ist das Prinzip der Oktave, das man auch Gesetz der Sieben oder Neun nennt. Oktave heißt Acht. Sprechen wir von dem Prinzip der Oktave, so meinen wir das Prinzip der Sieben oder Acht. Klingt doch einleuchtend, oder? Wir werden sehr bald verstehen, warum. Die Sieben besteht nie ohne ihre zwei Akolythen, die Acht und die Neun. Das dritte Gesetz schließlich beinhaltet die einzelnen Stufen der Weltenprinzipien.

Das Gesetz der Triade

Das erste Gesetz besagt, dass an jeder Schöpfung, an jeder äußeren Erscheinung drei Kräfte beteiligt sind: eine positive, eine negative und eine neutrale Kraft, die man auch anders nennen könnte: eine aktive, eine passive und eine besänftigende, ausgleichende Kraft.

Das Gesetz der Oktave: das Gesetz der Unterbrechung

Das zweite Gesetz besagt, dass kein Vorgang im Universum ohne Unterbrechung abläuft.

Frage: Sogar das Licht?

– Sogar das Licht. Man hat völlig falsche Vorstellungen vom Licht. Das Licht hat in Wirklichkeit eine ganz charakteristische Eigenschaft: die Elastizität. Es breitet sich bis zu einem bestimmten Punkt aus und kehrt zurück. Wäre das Gesetz der Oktave nicht, dann würde jeder begonnene Vorgang endlos andauern. Es würde anfangen zu regnen und nicht mehr aufhören. Würde ein Erdbeben stattfinden, so würde die Erde ewig beben. Das mag sehr banal erscheinen, ist aber grundlegend. Aufgrund des Prinzips der Oktave endet jeder Vorgang oder wird in etwas anderes umgeleitet. Dieses Prinzip regelt den Beginn der Evolution und das Ende aller Dinge. Gemäß dem Prinzip der Oktave wird die Richtung der drei Kräfte, die Welten, Dinge und Wesen erschaffen haben, zu einer bestimmten Zeit unterbrochen, und diese Unterbrechungen finden in regelmäßigen Intervallen statt. Laut diesem Gesetz formen die Linien, die durch unterbrochene Bewegungen abgewinkelt sind, schließlich eine Art Kreis, dessen Enden wieder aufeinander treffen, wie die Schlange, die sich in den Schwanz beißt. Dieser aus abgewinkelten Linien bestehende Kreis ist dem «Enneagramm» ähnlich. Man spricht zwar vom Prinzip der Oktave, dieses Gesetz steht in Wirklichkeit aber vor allem in Beziehung zur Zahl Sieben.

Der Mensch: seine natürliche Entwicklung bis zu einem gewissen Grad Eine weitergehende Entwicklung, die von ihm abhängig ist

Gemäß diesen Gesetzen der Unterbrechung entwickelt die Natur den Menschen bis zu einem gewissen Punkt, endet plötzlich und überlässt den Menschen sich selbst. Der Mensch muss sich von da an selbst weiterentwickeln. Trifft er diese Entscheidung nicht, verhärtet und stirbt er, sowohl physisch als auch geistig. Die spirituelle Evolution hat ihren Ausgangspunkt dort, wo die natürliche Entwicklung den Menschen hingeführt hat. Wer ab diesem Zeitpunkt tatenlos bleibt, sich nicht weiterentwickelt, tritt sozusagen aus den kosmischen Gesetzen, den göttlichen Gesetzen aus: Er reagiert nicht auf den Impuls, der von dem Gesetz der Oktave ausgeht.

Leider befindet sich der Mensch inmitten dieser Natur, sogar inmitten des Universums. Er befindet sich an einem Ort inmitten des Kosmos, der für seine Evolution beinahe am ungünstigsten ist, auf der Erde, da der Mensch irgendwann unter den Einfluss des Bösen geraten ist und sich nach dem

Sündenfall in einer Welt wiedergefunden hat, die für ihn nicht geschaffen war. Es gibt einen Ort, der für den Menschen noch ungeeigneter wäre: die Mondsphäre. Wären wir Menschen auf dem Mond, wäre es für uns noch schlimmer, auch wenn wir den Bedingungen des Mondes angepasst wären.

Die sieben verschiedenen Welten:

1. Absolute Sonne
2. Alle Welten
3. Alle Sonnen
4. Sonne
5. Alle Planeten
————Biosphäre————
6. Erde
7. Mond

Dies ist eine Auflistung der verschiedenen Welten: der Mond, Satellit der Erde, die Erde, die Gesamtheit der Planeten des Sonnensystems. Als vierten Punkt unsere Sonne, als dritten die Gesamtheit der Galaxien. Dann alles, was sich außerhalb der Galaxien befindet, wir bezeichnen es hier als alle Welten. Ganz oben in der Auflistung finden wir schließlich das, was man das Absolute nennen kann, und was in der Esoterik manchmal als der Schöpfungsstrahl bezeichnet wird.

Diese Welten sind miteinander verbunden und beeinflussen sich gegenseitig. Die stärksten Einflüsse gehen jedoch von der ersten zur zweiten Welt, vom Absoluten in Richtung aller Welten, welche sich von da aus mehr und mehr differenzieren und materialisieren.

Die achte Welt, Verbindung zwischen Erde und Kosmos: die organische Welt

Diese Welten scheinen aufeinander zu folgen. In dieser Folge besteht jedoch ein Einschnitt, eine Unterbrechung: zwischen der fünften und der sechsten Welt - zwischen den Planeten unseres Sonnensystems und der Erde - so, als ob die Energien, die aus dem Absoluten kommen, bei den Planeten aufgehalten würden und deshalb Erde und Mond nicht erreichen können.

Damit die Erde wieder Einflüsse vom Absoluten erhalten konnte, musste an dieser Bruchstelle eine Änderung stattfinden: Dies war die Schöpfung vom Pflanzen- und Tierreich sowie die Schöpfung des Menschen. Diese drei organischen Welten sind die Verbindung zwischen Planeten und Erde, man kann sogar sagen, dass darin ihr Daseinsgrund liegt: die Wiederherstellung der Bindung zwischen den verschiedenen Welten, zwischen der Erde und dem Rest des Kosmos.

Das bedeutet, dass zu den sieben Welten das organische Leben der Pflanzen, Tiere und Menschen als achte Welt hinzugekommen ist. Das Gesetz der Sieben ist deshalb eine Oktave, weil es eigentlich acht Welten gibt.

Das Gesetz der Sieben, Acht oder Neun: die Tonleiter

Nehmen wir das Beispiel der Tonleiter. Wie viele Noten hat eine Tonleiter? Sieben, aber man nennt sie trotzdem Oktave. Warum also «Oktave»? Im Französischen heißen die Töne der Tonleiter: ut, ré, mi, fa, sol, la, si, do: Das sind Acht. Die Sieben wird zur Acht. Das ist zwar an den Haaren herbeigezogen, aber so ist es. Nehmen wir das «ut» weg, so bleiben uns sieben Noten, wie sie in dem Schema des Enneagramms angegeben sind.

Damit haben wir die Sieben, den Fall mit der Acht haben wir zu Anfang gesehen, bleibt uns noch auf Neun zu kommen. Es gibt zwei Halbtöne: der eine setzt den Ton herab (das «b»), der andere erhöht die Note (das «Kreuz»). Hören Sie sich diese Dinge im Moment nur an, später werden Sie sie besser verstehen.

Die wirkliche Herkunft der Notennamen

Hymne der Abendandachten – die Feier Johannes des Täufers (24. Juni):

UT	Ut queant laxis
RE	Resonare fibris
MI	Mira gestorum
FA	Famuli tuorum
SOL	Solve polluti
LA	Labii reatum
SJ	Sancte Joannes

Woher stammen die Namen für die Noten, die zumindest in Frankreich und Italien gebräuchlich sind? Ein Mönch, Fra Guido d'Arrezzo, hat ihnen ihren Namen nach einer Hymne gegeben, die für Johannes den Täufer komponiert wurde.

Die sieben ersten Verse der Hymne beginnen mit ut, re, mi, fa, sol, la, si. Fra Guido d'Arrezzo hatte seine Kenntnis über die Namen der Noten von einer Mysterienschule, der er im Geheimen angehörte. Das «do» entspricht der höchsten Welt, dem Absoluten, kommt aus dem Lateinischen «dominus» und bedeutet Herr. Das «si» kommt von «sidera», die Himmel, «la» kommt von «lactea via», Milchstraße, «sol» ist die Sonne, «fa» stammt aus «familia planetarum», die Familie der Planeten. Dann kommen wir zur Erde «mi» und zum Menschen, den man in der Esoterik manchmal «mira», das Wunder, das Wunderbare nennt. Allerdings scheint man den Menschen nicht genau betrachtet zu haben, so kommen historische Irrtümer zustande! Schließlich kommt das «re» aus dem Lateinischen «rerum», die Dinge, das heißt die Materie, die Kräfte der Verhärtung, ebenfalls die Mondkräfte genannt.

Das ist die wahre Herkunft der Notennamen.

Die Anzahl der Prinzipien, die die verschiedenen Welten lenken

Ein weiteres Gesetz besagt, dass jede dieser Welten gemäß ihren eigenen Prinzipien funktioniert. Man kann nur dann jede einzelne Welt wirklich verstehen, wenn man das Prinzip kennt, durch das diese gelenkt wird. Nur dann können Sie einen Menschen wirklich verstehen, auch den, der Ihnen sehr nahe steht, wenn Sie wissen, nach welchem Prinzip er funktioniert, wenn Sie wissen, was er mag, was ihm unangenehm ist, die Art, wie er gewöhnlich denkt – nicht was er denkt, sondern wie er denkt. Wenn Sie das an einem Menschen zu erkennen beginnen, dann nähern Sie sich dem, was er wirklich ist. Und Sie wissen ja, dass es enorme Unterschiede zwischen dem Empfinden und Denken zweier Menschen gibt, was auch die Ursache nahezu aller Probleme ist, die es zwischen Menschen gibt. Wenn man aber beginnt, das Prinzip zu erkennen, das den anderen lenkt, wird man sehr schnell toleranter.

Genauso ist es mit den verschiedenen Welten: Wir können sie nur verstehen, wenn wir die zugrunde liegenden Prinzipien erkennen, die in ihnen wirken. Heute Abend werden wir die Prinzipien nicht beschreiben, sondern nur jeder Welt ihre entsprechende Anzahl an Prinzipien zuordnen.

Die höchste Welt, die des Absoluten, funktioniert nach dem Schöpfungsprinzip. Nennen wir sie «göttlich» oder «Gott», sie ist die Welt des Einmaligen. Von dieser absoluten Welt des Einmaligen stammen «alle Welten» ab, in denen drei Prinzipien wirksam sind. In der dritten Welt, der Welt der Galaxien, aller Sonnen, sind die drei vorangegangenen Prinzipien ebenfalls wirksam, es kommen aber noch drei weitere, ihnen eigene, Prinzipien hinzu: Dies macht zusammen Sechs. In der Sonnenwelt wirken die drei anfänglichen Prinzipien, die sechs Prinzipien, die in den Galaxien bestehen und wiederum drei eigene Prinzipien, zusammen Zwölf. Anschließend die Planeten unseres Sonnensystems: In ihnen wirken die drei Urprinzipien zu denen noch die sechs Prinzipien der Sonnen, die zwölf unserer Sonne und die drei eigenen Prinzipien hinzukommen: 24. In Fortführung dieser Rechnung ist die Erde eine Welt, in der 48 Prinzipien wirksam sind und darüber hinaus (3+6+12+24+48+3) kommen wir auf 96 für den Mond. Man könnte so über die sieben Welten hinaus weiterrechnen. Wir würden in Welten eintreten, die durch die vorhergehenden durch einen Bruch getrennt sind; diese Welten werden durch andere Prinzipien regiert, man nennt sie Welten der Untermaterie und die Prinzipien sind dort völlig andere.

Prinzipien, die man überwinden muss, um frei zu sein

Die irdische, menschliche Welt ist also 48 Prinzipien unterworfen. Das bedeutet, dass wir eine genaue Kenntnis dieser Prinzipien haben müssen, wollen wir die Erde und den Menschen wirklich verstehen. Andererseits müssen wir uns aber auch von diesen Prinzipien lösen, um uns von der Erde zu befreien.

Nur das Wesen, das einem einzigen Prinzip unterworfen ist Gott, und Gott ist dieses Prinzip selbst, ist absolut frei. Alles, was darunter liegt und durch verschiedene Prinzipien gebildet wird, steht unter dem Einfluss dieser Prinzipien und ist nicht frei. Will der Mensch frei sein, muss er sich von 48 Prinzipien lösen. Selbstverständlich ist es um so schwieriger sich zu befreien, je mehr Prinzipien es gibt. Die Wesen der Welt, die wir «alle Sonnen» genannt haben, brauchen sich nur von drei Prinzipien zu befreien, um Gott oder das Absolute zu erreichen. Für den Menschen ist dies sehr viel schwieriger.

Der Mensch unter einem neuen Aspekt: vier Funktionszentren

1. intellektuelles Zentrum
2. emotionales Zentrum
3. instinktives Zentrum
4. motorisches Zentrum

Kommen wir wieder auf den Menschen zurück. Wir haben früher versucht, den Menschen kennen zu lernen, indem wir ihn unter verschiedenen Aspekten betrachtet haben. Heute Abend werden wir ihn noch aus einer anderen Sicht studieren, die sehr wichtig ist.

Der Mensch besitzt vier große Funktionen, vier große Zentren: ein Zentrum des intellektuellen Denkens, ein emotionales Zentrum, ein instinktives Zentrum – Atmung, Durchblutung, Verdauung, Sinnesorgane... – und ein Bewegungszentrum oder motorisches Zentrum. Alles, was von dem instinktiven Zentrum kommt, ist angeboren, alles, was dem motorischen Zentrum angehört, erlernen wir, wie beispielsweise gehen, sprechen und schreiben.

Ich sagte vorhin, dass der Mensch, der sich weiter entwickeln will, der etwas bilden möchte, was mehr als nur oberflächlich ist, sich zunächst selbst kennen lernen muss. Danach erst kann er die Welt richtig kennen lernen. Hier tun wir gewissermaßen das Gegenteil: Ich erzähle Ihnen Dinge über die Welt, die an sich vollkommen unnötig sind, sofern dieses intellektuelle Wissen nicht durch eine bessere Kenntnis seiner selbst begleitet wird.

Um sich kennen zu lernen, gibt es verschiedene Wege. Einer davon ist, im täglichen Leben zu lernen, welches Zentrum in uns gerade aktiv ist, in welcher Funktion wir uns gerade befinden. Ich höre zu, doch ich verstehe nichts: Ich bin in meinem instinktiven Zentrum. Wer müde ist oder sich langweilt und keine Lust mehr hat hier zu bleiben, befindet sich in seinem emotionalen Zentrum. Wer die Logik des Gesagten erkennt, befindet sich in seinem intellektuellen Zentrum. Wer von hier flüchtet, ist in seinem motorischen Zentrum.

Sich seiner selbst bewusst sein
Unser Normalzustand: der Schlaf

So gibt es eine Methode, sich selbst durch die verschiedenen Zentren hindurch zu beobachten. Diese Methode erleichtert das Kennenlernen seiner selbst, sie erlaubt einem, sich seiner selbst bewusst zu werden. Unter einer Voraussetzung natürlich: Man muss anfangen, sich selbst zu beobachten.

Wer ist sich hier seiner selbst bewusst? Sie versuchen, sich zu konzentrieren und zu verstehen: Sind Sie allein damit schon bewusst? Nein! Sie sind nicht bewusst, Sie schlafen! Versuchen zu verstehen ist sehr wichtig. Sie hören zu, Sie sind sogar sehr aufmerksam, Sie versuchen zu begreifen, aber eigentlich sind Sie sich Ihrer selbst nicht bewusst oder nur sehr wenig. Doch, jetzt vielleicht! Sie fühlen, wie Sie auf dem Stuhl sitzen, die Ellenbogen auf dem Tisch haben, sind vielleicht ein wenig aufgeregt, weil Sie eben gesprochen haben und jetzt versuchen zu verstehen, was Ihnen geantwortet wurde. Wenn Sie sich dessen bewusst sind, dann beobachten Sie sich und sind wach. Wenn Sie sich aber darauf beschränken, mir zuzuhören, dann schlafen Sie! Sie schlafen sich selbst gegenüber. Verstehen Sie das? Das heißt, Sie sind nicht dabei, sich selbst zu beobachten, also sind Sie sich nicht Ihrer selbst bewusst. Sie glauben es zu sein, manche hier glauben sogar fest, dass sie es immer sind, aber dies ist extrem schwer, es ist beinahe unmöglich: die Selbstbeobachtung dauert vielleicht drei, vier Sekunden.

Versuchen Sie jetzt mal sich zu beobachten, bewusst zu sein. Ja, jetzt sind Sie es, weiter so, und schon haben Sie sich wieder vergessen! Nach einigen Sekunden! Das Bewusstsein seiner selbst verlangt eine solche Intensität an Energie, dass Sie unfähig sind, diese länger als einige Sekunden aufzubringen.

Der Mensch verbringt so sein Leben im Halbschlaf. Durch Krankheiten oder Schmerzen wird er ein wenig bewusster, aber nur eines Teils seiner selbst. In dem Moment ist man wie hypnotisiert von dem einen Teil und man vergisst den Rest des Körpers.

Die vier Bewusstseinszustände des Menschen

1. Schlaf
2. Wachsein
3. Bewusstsein seiner selbst
4. Objektives Bewusstsein

Schlaf und Zustand des pseudo-bewussten Wachseins

Aus einer gewissen Sicht heraus kann man sagen, dass der Mensch vier Bewusstseinszustände kennt. Zunächst den Schlaf, mit oder ohne Träume. Im Schlaf gibt es manchmal kurze Augenblicke, in denen man ein wenig bewusst ist: im Traum. Diese Bewusstseinsmomente sind selten, wer einen sehr tiefen Schlaf hat, wird sich an sie kaum noch erinnern. Aber diese Bewusstseinsblitze gibt es, sie sind die erste Stufe des Bewusstseins.

Die zweite Stufe ist der Zustand des pseudo-bewussten Wachseins. Wie haben jetzt gesehen, dass wir in diesem Zustand eigentlich schlafen. Sie sitzen beispielsweise schlafend da und hören dem zu, was ich erzähle. Man schläft sich selbst gegenüber, statt sich seiner selbst bewusst zu werden.

Man sagt, die Meditation sei der schnellste Weg, um die Kenntnis seiner selbst zu erlangen. Warum? Weil man dann nichts anderes tut, als sich seiner selbst bewusst zu werden, und diejenigen, die sich darin üben, wissen, wie schwer es ist, denn man lässt sich ständig ablenken: Etwas tut weh, ein Gedanke kommt, und noch einer und noch einer, dann kommt irgendeine Empfindung und man verliert sich selbst, anstatt seiner Haltung, seiner Atmung, ganz einfach des Lebens und der Tatsache bewusst zu sein, dass man da ist. Sogar wenn man niemandem zuhört, nichts tut, ist man fast unfähig, sich seiner selbst bewusst zu sein.

Dritter Bewusstseinszustand: das relative Bewusstsein Wissen, dass man existiert

Durch die Meditation und durch die Übung dessen, was wir gerade eben gemacht haben – seiner selbst etwas bewusst werden – gelangt man nach und nach, wenn diese Übungen regelmäßig und mit Ausdauer betrieben werden, in den dritten Bewusstseinszustand: das relative Bewusstsein. Tatsächlich ist das der Beginn des geistigen Weges. Es ist der Beginn des Geistes in uns. In der Esoterik nennt man diese Übung, die uns von Zeit zu Zeit unser Selbst, unsere Atmung, unsere Haltung, all das, was wir zu diesem Augenblick sind, bewusst macht, die Selbsterinnerung – sich klarmachen, dass man lebt, sich dessen bewusst sein, es wissen.

Das objektive Bewusstsein: ein vollkommenes Bewusstsein sich selbst und der Welt gegenüber

Wer dieses relative Bewusstsein erreicht, der gelangt eines Tages zu dem, was man das objektive Bewusstsein nennt. Das ist schon der Zustand des Eingeweihten. Er beinhaltet, ständig seiner selbst bewusst zu sein und gleichzeitig beispielsweise zuhören zu können, also der äußeren Welt gegenüber aufmerksam zu sein. Wer in das objektive Bewusstsein gelangt, ist vollkommen seiner selbst bewusst, viel mehr noch als Sie es in Ihren besten Augenblicken sind. Er ist sich aller seiner Organe, all seiner Sinne bewusst und kann sich gleichzeitig auf etwas konzentrieren, ohne sich darin zu verlieren.

Die sieben Menschentypen:

1. der gewöhnliche physische Mensch
2. der gewöhnliche emotionale Mensch
3. der gewöhnliche intellektuelle Mensch
4. der Schüler
5. der Eingeweihte (Bewusstsein seiner selbst)
6. der Große Eingeweihte (objektives Bewusstsein)
7. Bodhisattwa

Vom Zustand des gewöhnlichen Menschen zu einem Menschen, der beginnt, den Geist in sich zu entwickeln Mehr Wissen und Sein durch die Kenntnis seiner selbst

Mit Hilfe dieser vier Zentren (intellektuelles, emotionales, instinktives und motorisches Zentrum) und der vier Bewusstseinsstufen, kann man sieben Menschentypen definieren. Die ersten drei sind der intellektuelle, emotionale und physische Mensch. Sie sind untereinander immer etwas verstrickt. Der Mensch ist bei seiner Geburt vielleicht etwas intellektueller, emotionaler oder physischer. Das ist das Stadium des gewöhnlichen oder natürlichen Menschen. Der eine wird mehr durch die Überlegung geleitet, der andere ist mehr seinen Emotionen und Gefühlen unterworfen, der dritte wird durch alles Physische beeinflusst. Dieser gewöhnliche Mensch, gleichgültig, ob er physisch, emotional oder intellektuell veranlagt ist, kann eines Tages ein Mensch des vierten Typus werden, ein Mensch, der auf dem Weg ist etwas zu werden, das mehr ist als das Gewöhnliche. Er kann ein Mensch werden, der beginnt, auf einem Weg, der ihn zum Bewusstsein seiner selbst führt, den Geist in sich zu entwickeln: durch die Übung der Selbsterinnerung, der Selbstbeobachtung, der Selbsterkenntnis und durch das Erlangen eines bestimmten Wissens, eines Wissens wie das hier vermittelte. Wissen und zugleich Kenntnis seiner selbst: Das sind die beiden wichtigen Pole, die gleichzeitig geübt werden müssen. Man muss lernen, einer Unterrichtung zu folgen und zugleich selbst mehr werden, mehr sein. Und um mehr zu sein, muss man «mit sich» sein.

Zum Zustand der Eingeweihten, Großen Eingeweihten, Bodhisattwas

Der Mensch, der auf diesem Weg ist, kann eines Tages das überschreiten, was man die «Schwelle der Einweihung» nennt und dann ein Mensch des fünften Typus werden, das heißt, vollständig seiner selbst bewusst sein. Er kann sich noch darüber hinaus weiterentwickeln und ein großer Eingeweihter und schließlich ein Mensch des siebten Typus, ein Bodhisattwa, ein Buddha werden, das heißt jemand, der die spirituellen Entwicklungsphasen überwunden hat.

Frage: Handelt es sich darum sich, sich selbst gegenüber zu stellen oder seinen Geist zu suchen?

Seinen Geist entwickeln – hier und heute

– Wenn Sie diese Arbeit machen, suchen Sie nicht Ihren Geist, sondern Sie werden dieser Geist. Sie entwickeln Ihren Geist selbst. Ich habe Ihnen früher erklärt, dass der Mensch den Geist nur im Keimstadium besitzt. Die Natur, die Evolution, hat ihn zu diesem Stadium geführt, und wenn er nicht selbst den Entschluss fasst, diesen Keim zu entwickeln, um ihn zur Existenz zu führen, dann wird der Mensch nicht mehr sein.

Die Arbeit beginnt natürlich durch das Erlangen eines Wissens, aber auch durch die Selbstbeobachtung, durch die wahre Eigenerkenntnis. Sie können sich nicht gestern kennen, gestern ist vorbei. Sie können sich auch nicht morgen kennen, sondern nur hier und jetzt. Nur dann lernen Sie sich selbst kennen, nur dann geben Sie dem Geisteskeim wahrhaft Leben.

Frage: Ist dieser Geist derselbe, den wir durch unsere vorherigen Inkarnationen mitgeführt haben?

– Der Keim ist derselbe. Er geht von dem einen physischen Körper in den nächsten über, aber er ist nichts, wenn Sie ihn in diesem Zustand lassen.

Zuhörer: In einem anderen Leben hatte er aber doch vielleicht Form angenommen.

– Wissen Sie, was in einem anderen Leben gewesen ist, das hat für heute keinerlei Bedeutung mehr, wenn man nichts daraus macht. Es gibt Menschen, die durch Nachforschungen in vergangenen Leben entdeckt haben, dass sie ein großer Heiliger, ein König oder ein Weiser waren, aber heute absolut hirnlos sind. Wir sind heute, was wir hier und jetzt sind, und nicht mehr. Was wir hier und jetzt sind, das ist die Konsequenz all dessen, was wir irgendwann gewesen sind. Aber wir sind nur das, was wir heute sind: entweder jemand intelligentes, offenes, oder ein völlig stumpfsinniger Mensch, auch wenn wir in der Vergangenheit ein großer Weiser, ein Heiliger oder ein Wissenschaftler gewesen sind. Verstehen Sie das?

Zuhörer: Nein, weil es ein Rückschritt ist.

Ein Fortschritt, der von der Anstrengung abhängig ist Wer nicht vorwärts kommt, fällt zurück

– Wenn Sie nichts dafür tun, um voranzukommen, fallen Sie zurück. Jemand, der keinen Fortschritt macht, entwickelt sich zurück.

Frage: Sogar der Geist?

– Insbesondere der Geist. Man kommt nicht immer vorwärts, so einfach ist es nicht. Nur wer die Anstrengung aufbringt vorwärts zu kommen, die Zusammenhänge zu verstehen und sich ein wenig selbst kennen lernt, nur der wird Fortschritte machen. Wer dies nicht tut, bleibt da, wo ihn die Natur hingeführt hat, und er wird von der Entwicklung überrollt, er macht wirklich Rückschritte und ist überfordert. Lange Zeit wurde die Menschheit mit schönen Illusionen ruhig gehalten. Die Religion konnte nur aus dem Grund «Opium für das Volk» genannt werden, weil man das Bewusstsein des Menschen eingeschläfert hat, indem man ihm sagte, dass er so oder so Fortschritte mache. Aber so ist es nicht.

Frage: Wer führt uns jetzt, in unserem Schlafzustand?

Hin- und hergeworfen zwischen unseren zahlreichen Ich

– Sobald Sie Ihr Ich oder Ihren Geist entwickelt haben, wird dieser Sie führen. Was Sie heute führt? Zahlreiche Ichs: manchmal das intellektuelle Ich, zu anderen Zeitpunkten das emotionale, das instinktive oder motorische Ich, ohne alle anderen zu nennen, die Wünsche, die in Ihnen auftauchen, die kommen und gehen. Jedes Mal ist es ein anderes Ich, und manchmal lassen Sie eins dieser Ichs, das nur ein kleiner Teil von Ihnen ist, Dinge von großer Wichtigkeit entscheiden, so hin- und hergeworfen sind Sie zwischen Ihren vielen kleinen Ichs, da Sie im Moment nur viele kleine und nicht ein wahres Ich haben. Sie haben in sich kein Zentrum, da Sie keines geschaffen haben. Sie haben alle anderen Ichs nicht entfernt, die Sie gar nicht wirklich sind.

✧

DAS BEWUSSTSEIN: EINE NOTWENDIGKEIT FÜR DAS LEBEN DES MENSCHEN. DURCH DIE SELBSTBEOBACHTUNG ZU EINEM ABSOLUTEN BEWUSSTSEIN

07.04.92

Definition von vier Menschentypen, gemäß ihrer Möglichkeiten, auf einem Weg Erfolg zu haben

Letzte Woche haben wir die Menschen in sieben Kategorien aufgeteilt: der physische, der emotionale, der intellektuelle Mensch, der Schüler, der Eingeweihte, der große Eingeweihte und der Bodhisattwa. Man könnte sie auf eine andere, jedoch ergänzende Art einordnen, entsprechend ihrer Fähigkeit, einen geistigen Weg zu gehen und diesen erfolgreich zu beschließen.

So könnte man vier Menschentypen unterscheiden:

1. der gewöhnliche Mensch
2. der launische oder unstete Mensch
3. der oberflächliche oder verrückte Mensch
4. der betrügerische Mensch

Der «gewöhnliche» Mensch

Der erste Menschentyp ist jemand, den ich den gewöhnlichen Menschen nenne, also ein Mensch, der ein normales Leben führt, den nichts Außerordentliches von anderen Menschentypen unterscheidet, außer, dass er versucht, für sich und vielleicht auch für seine Familie sein tägliches Brot mit einer Arbeit zu verdienen. Man kann ihn eigentlich immer nur im Vergleich zu anderen definieren. Der gewöhnliche Mensch – unter bestimmten Gesichtspunkten kann er auch alles andere als gewöhnlich sein – kann sich eines Tages auf einen Geistesweg begeben.

Der launische Mensch, der Träumer: imaginäre Werte und Interessen

Der zweite Menschentyp wird in manchen spirituellen Lehren der launische Mensch genannt: Er ist unfähig, zwischen Dingen mit wahrem Wert und völlig Unwichtigem zu unterscheiden, zwischen dem Wesentlichen und dem Nebensächlichen. Der gewöhnliche Mensch kann es manchmal trennen, der launische nie.

Frage: Warum launisch? Ist jemand launisch, wenn er sich ständig ändert, wenn er nie konstant ist?

– Das ist der Ausdruck, den man für diesen Menschentyp normalerweise benutzt. Eigentlich ist seine Aufmerksamkeit nicht konstant. Zu seiner Unfähigkeit, wahre Werte von Scheinwerten zu unterscheiden, kommt noch seine Unfähigkeit hinzu, niemals seine Aufmerksamkeit dorthin zu lenken oder dort halten zu können, wo sie sein sollte. Er ist jemand, der Werte besitzt, die aber völlig seiner Einbildung entspringen, er hat die Werte für sich selbst geschaffen. Er hat Interessen, die aber ebenso imaginär sind. Alles, was er in sich an Verwirklichungsmöglichkeiten besitzt, ist imaginär. Er ist ein Träumer. Er ist ein sehr verbreiteter Menschentyp, viele von denen, die hier sitzen, gehören dazu! Da er sich eine eigene Welt an Werten geschaffen hat, lebt er auch in Illusionen, was sich selbst und seine eigenen Fähigkeiten betrifft. Er erfindet für sich Interessen, die er zumeist für sehr erhaben hält, obwohl sie nur aus seiner eigenen Einbildung hervorgehen.

Der oberflächliche Mensch

Der dritte Menschentyp ist der oberflächliche Mensch. Der vorherige war unfähig zu unterscheiden, was wahren Wert hat und was nicht, der oberflächliche Mensch beschäftigt sich nie vollständig mit einer Sache, er geht den Dingen nie auf den Grund. Oft hat er ein intellektuelles Interesse für die Dinge, ohne sie aber weiter zu hinterfragen, ohne sich für das zu interessieren, was hinter diesen Kenntnissen steckt. Da er Sicherheit in seinem intellektuellen Wissen hat, neigt er dazu, anderen eine gewisse Verachtung entgegenzubringen. Außerdem wechselt er recht häufig seine Theorien, seine Unterrichtungen, seine Lehrer, ohne jemals einen Weg vollständig zu gehen.

Der «betrügerische» Mensch, kennt nur seine Interessen, für ihn sind alle Mittel gut

Es gibt einen vierten Menschentyp. Ich habe kein Wort gefunden, um ihn zu definieren. Er ist ein Mensch, der entweder keine Moral, oder nur sehr wenig oder eine sehr dehnbare Moral besitzt. Meist ist er auch noch scheinheilig und sieht und sucht in allem nur sein eigenes Interesse, wozu ihm alle Mittel recht sind. Man könnte ihn den falschen oder betrügerischen Menschen nennen.

Frage: Ist er ein amoralischer Mensch?

– Nein, er ist sich bewusst, was er tut, also ist er nicht amoralisch. Unmoralisch vielleicht. Normalerweise hat der Amorale eine eigene Moral, wohingegen der Unmoralische mit den Prinzipien spielt. Ihm sind alle Mittel recht, um seine Ziele zu erreichen, insbesondere wenn sie zum Nachteil der anderen sind.

Objektive Werte: Eine Wahrheit, die uns oft nicht passt

Wer von diesen vier Menschentypen kann einen Geistesweg gehen?

Zuhörer: Der gewöhnliche Mensch, wenn er sich engagiert.

– Ja, richtig. Der launische und der oberflächliche Mensch könnten sich ebenfalls in diese Richtung entwickeln, unter einer Bedingung: Sie müssten ihre Art zu denken, zu fühlen und zu reagieren grundlegend ändern. Der launische Mensch muss lernen, seine Aufmerksamkeit bei einer Sache zu halten und all seine selbsterfundenen Werte vergessen, damit er beginnen kann, sich für objektive Werte zu interessieren. Er muss den Unterschied zwischen wahrem Wert und Scheinwert erkennen. Viele Dinge glauben wir nur, weil sie uns passen, die Wahrheit dagegen ist alles andere als angenehm. Wenn es gelingt, sich auch nur ein wenig der Wahrheit zu nähern, erkennt man, dass sie einem überhaupt nicht gefällt! Denn derjenige in uns, dem sie gefällt, wurde noch gar nicht erschaffen. Wir haben ein Ich, das so illusorisch ist, das aus so vielen Masken und Zusammensetzungen besteht, dass dieses Ich nie mit der Wirklichkeit in Kontakt treten kann, und dieses Ich entscheidet dann über Gefallen oder Missfallen. Diesem Ich kann man in Wirklichkeit nie trauen, denn es ist nicht einmal dazu in der Lage, für sich zu entscheiden, was gut und was schlecht ist. Und doch funktionieren die meisten nur mit diesem Ich: Wir nähern uns höchstens dem, was uns gefällt, was wir als gut und richtig empfinden. Wer aber ist dieses Ich in uns, dem wir so große Macht einräumen, das über soviel entscheidet? Sicher ist, dass wir der Wahrheit auf diese Weise nicht entgegenkommen können.

Nicht nur Wissen sondern auch Sein erlangen

Der oberflächliche Mensch muss sich auch vollständig ändern. Es kann vorkommen, dass er sich für wahres Wissen interessiert, für richtige Werte, aber da er die Dinge nie vollständig hinterfragt, kann er sich nie wirklich weiter entwickeln. Er muss versuchen, den Dingen auf den Grund zu gehen, also nicht nur Kenntnisse ansammeln, sondern auch Wesensqualitäten erlangen. Auf dem Weg zu diesem Wissen muss man zuerst die Kenntnisse intellektuell begreifen, sie anschließend im täglichen Leben anwenden, um sie schließlich in sich zu integrieren, damit man mehr Sein erlangen kann.

Der betrügerische Mensch hingegen, der kein Moralbewusstsein hat und nicht zögert, andere Menschen für seine Zwecke auszunutzen, kann auf einem spirituellen Weg nicht vorankommen. Man darf sich da keiner Illusion hingeben, für die Menschen dieses Charaktertyps ist ein Geistesweg nicht möglich, jedenfalls nicht in diesem Leben,.

Frage: Die Menschentypen, die Sie da beschrieben haben, gibt es doch nicht im reinen Zustand. Sind es nicht immer Mischtypen?

– Letzte Woche haben wir die Menschen sieben verschiedenen Gruppen zugeordnet: Die ersten drei, der intellektuelle, der emotionale und der physische Mensch entsprechen eigentlich dem gewöhnlichen Menschen. Jeder gewöhnliche Mensch kann mehr zum Emotionalen tendieren, oder mehr zum Interesse für materielle und physische Dinge, oder auch zum intellektuellen Denken. Das bedeutet aber nur, dass es das dominante Element in ihm ist. Hier ist es das gleiche: In dem einen überwiegt der launische Aspekt, im anderen die Oberflächlichkeit, und nach diesen Hauptaspekten werden die Typen definiert. Solange man nicht begonnen hat an sich selbst zu arbeiten, fällt man immer unter eine dieser Definitionen, und erst wenn man die dominanten Tendenzen in sich erkannt hat, kann man die Seiten entwickeln, die einem fehlen. Ab diesem Zeitpunkt gehört man nicht mehr in diese drei Kategorien.

Der Mensch: eine programmierte Maschine

Die Naturwissenschaft sagt, der Mensch sei ein höheres Tier. In Wirklichkeit ist das noch ein Kompliment für ihn, denn er ist eher eine Maschine: Er funktioniert, wie man es ihm beigebracht hat. Das Tier hat noch den Instinkt, etwas, das über das Erlernte und die Erziehung hinausgeht. Der Mensch besitzt praktisch keinen Instinkt mehr, er funktioniert nur noch gemäß seiner Erziehung und gemäß dem, was er gelernt hat. Er ist eigentlich wie ein Computer, den man programmiert hat. Wenn man sich auf einen spirituellen Weg begibt, tritt man aus all diesen Kategorien heraus. Wissen Sie, man sagt oft, man sollte die Menschen nicht in Systeme einordnen – in Wirklichkeit aber kann man Menschen wie Maschinen einordnen. Sie funktionieren so oder so. Schauen Sie sich um, und Sie werden sehen, dass derjenige, den Sie einem bestimmten Typ zugeordnet haben, auch wirklich immer auf die entsprechende Art reagieren wird, als sei er programmiert. Und das im Alltäglichen wie im Außergewöhnlichen, nicht mehr und nicht weniger. Man muss sich von seinen Illusionen befreien, die man über den Menschen hat.

Beginnen, wirklich Mensch zu werden

Wenn man sich wirklich dessen bewusst wird, kann man beginnen, anders zu funktionieren. Gewöhnlich hängt dies mit einer Arbeit an sich selbst zusammen. Wer ernsthaft einen Weg geht, beginnt damit, aus diesen Kategorien auszutreten, er versucht, keine Maschine mehr zu sein. Er beginnt wahrhaft Mensch zu werden.

Ein unvollkommenes Wesen, das seine Entwicklung durch die Aneignung von Wissen und durch die Entwicklung von Wesens-Qualitäten selbst zu Ende führen muss

Wir haben gesehen, dass der Mensch wirklich ein unvollkommenes Wesen ist. Die Natur hat ihn bis zu einem gewissen Grad entwickelt und ihn dort «im Stich» gelassen. Sie hat ihm einen physischen Körper gegeben, mit ein wenig ätherischer Energie, ein wenig Seele und einen Tropfen Geist und hat ihn dann sich selbst überlassen. Und wenn der Mensch nichts in sich entwickelt, sich nicht dazu entschließt, seine Weiterentwicklung selbst in die Hand zu nehmen, diese Seele, diesen Geist weiterzuentwickeln, dann wird er nichts, er bleibt was er ist oder wird sogar noch weniger sein, als er war. Der Mensch ist also ein unvollkommenes Wesen, solange er keine

Arbeit an sich selbst, an seinem Geist beginnt. Das müssen Sie sich immer vor Augen halten. Und wenn jemand wirklich den Weg geht, muss er sich all der Illusionen bewusst werden, in denen er lebt, insbesondere jener, die er von sich selbst hat. Damit er die mindeste Chance hat, irgendwann etwas «vollständiger» zu werden, müssen zwei Dinge in ihm gepflegt werden: einerseits das Wissen von sich selbst und von der Welt, das er durch die Unterrichtung und das Eigenstudium erlangt; aber es reicht nicht, nur ein Wissen anzusammeln, man muss andererseits auch sein eigenes Sein, sein eigenes Wesen entwickeln, muss mehr werden und dabei zuerst sich selbst kennen lernen. Man kann nicht mehr werden, wenn man das Unzulängliche nicht erkannt hat. Zuerst muss man sich kennen lernen, um zu wissen, was hinzuzufügen ist, und wir haben gesehen, dass dies nur möglich wird, wenn man sich immer mehr seiner selbst bewusst wird: durch die Meditation, unter der Bedingung, dass man sich selbst gegenüber aufmerksam ist. Sobald man die Aufmerksamkeit verliert, verliert man auch jegliche Verbindung zu sich selbst. Die Übung, die ich letzte Woche die Selbsterinnerung nannte, hilft auch dabei, dieses Bewusstsein zu entwickeln. Im Laufe des Tages versucht man so oft wie möglich zu denken: Ich bemühe mich jetzt, mir dessen bewusst zu sein, was ich tue, ich beobachte mich, wie ich lebe und welche Empfindungen ich habe. Auf diese Weise kann man sein Wesen bereichern. Zugleich ist auf andere Dinge zu achten: sich nicht mehr seinen negativen Gedanken hingeben, sich nicht mit all dem identifizieren, was uns zustößt usw.

Der gewöhnliche Wille: nur ein stärkerer Wunsch

Damit der Mensch die Arbeit an sich selbst beginnen kann, braucht er Mittel. Über welche Werkzeuge verfügt er?

Zuhörer: Über den Willen.

– Haben Sie einen Willen? Zunächst muss man damit beginnen, zu verstehen, dass man keinen Willen hat. Das ist die Wirklichkeit. Von Zeit zu Zeit haben Sie Wünsche, die etwas stärker sind als andere und die gewöhnlich von einem Tag auf den anderen wechseln. Aber Willen haben Sie keinen! Wer einen wirklichen Willen besitzt, ändert keine Entscheidungen, die er einmal getroffen hat. Solange Sie nicht begriffen haben, dass Sie überhaupt keinen Willen haben, können Sie auf dem Weg keine Fortschritte machen. Nur ein bewusstes Wesen hat einen Willen, alle anderen haben nur Wünsche. Aber schon mit dem Wunsch sich zu ändern haben Sie die Möglichkeit, einen Willen zu erlangen.

Wenn Sie verstehen, dass Sie keinerlei Willen besitzen, so haben Sie damit den Beginn einer Möglichkeit, etwas in sich zu entwickeln.

Frage: Wenn man einen unangenehmen Entschluss fasst und sich daran hält, ist das nicht der Beginn eines Willens?

– Es ist ein starker Wunsch. Die Frage ist, wie lange Sie ihn halten können. Wenn Sie aber bewusst werden und es Ihnen gelingt, sich an den Wunsch zu halten, dann ist das der Beginn der Willensentwicklung. Aber gewöhnlich ist auch Ihr stärkster Wille nichts als ein Wunsch, der stärker ist als die anderen Wünsche. Der Wille ist etwas anderes. Er ist jedenfalls kein Mittel, über das Sie am Anfang des Weges verfügen.

Die vorhandenen Mittel: der physische Körper und die Fähigkeit zur Aufmerksamkeit

Die Mittel sind in Wirklichkeit viel einfacher. Welche Werkzeuge stehen Ihnen jetzt sofort zur Verfügung? Sie sitzen hier. Erstes Werkzeug: der Körper. Und Sie hören mir zu. Was machen Sie, wenn Sie mir zuhören? Sie sind aufmerksam. Das sind die beiden einzigen Mittel, über die wir verfügen: der Körper, und alles was mit ihm verbunden ist und die Fähigkeit, aufmerksam zu sein. Um die Arbeit an sich selbst zu beginnen, haben wir sonst nichts. Aber alles Übrige kann sich daraus ergeben.

Nahrungen, die für das Überleben des physischen Körpers notwendig sind

Drei verschiedene Nahrungsarten:

1. Nahrungsmittel
2. Luft
3. Eindrücke

Vorhin sagte ich, der Mensch sei nur eine Maschine. Er ist eine Maschine, die relativ gut funktioniert, insbesondere sein physischer Körper. Der menschliche Körper ist in der Lage, alle Elemente zu erschaffen, die dem eigenen Überleben dienen. Der Körper sichert zusätzlich auch den Erhalt und das Überleben der anderen Elemente des Menschen. Da der Mensch einen physischen Körper hat und er selbst sein eigenes Überleben regelt, kann sich der sogenannte Ätherleib entwickeln, kann die Seele Augenblicke des Bewusstseins haben und kann der Geist denken. Der physische Körper benötigt allerdings zu seinem Erhalt drei Arten von Nahrung: feste und flüssige Nahrung, Luft, aber auch eine dritte Art, die sich aus den Eindrücken, den Wahrnehmungen und Empfindungen zusammensetzt. Dies sind drei notwendige Nahrungsarten zur Aufrechterhaltung des physischen Körpers und dadurch auch des «Ätherleibs», des «Astralleibs» und des Geistes.

Ohne feste Nahrung kann der Mensch ziemlich lange überleben, zwei Monate, manchmal sogar drei, ohne Flüssigkeit nur einige Tage, ohne zu atmen nur einige Minuten, ohne Eindrücke aber nur eine Sekunde. In dem Moment, in dem der Mensch keine Eindrücke mehr hat, stirbt er augenblicklich.

Frage: Angenommen, jemand verliert durch einen Unfall Augenlicht, Gehör, Geschmacks- und Tastsinn, also alle Sinneseindrücke: Kann dieser Mensch nicht überleben?

– Er hätte fünf äußere Sinne verloren, hätte aber noch das Bewusstsein zu leben, er würde sich innerlich noch empfinden.

Die Eindrücke können sowohl äußerlich als auch innerlich sein und auch von fünf weiteren Sinnen stammen, dem

Lebenssinn, dem Sinn des Gedankens, dem des Wortes, der Bewegung und des Gleichgewichts. Mit diesen Sinnen empfinden wir innerlich, empfinden wir uns selbst von innen heraus. Wenn Sie zuviel gegessen haben, bekommen Sie Bauchschmerzen: Das ist eine innere Empfindung, die von Ihrem Lebenssinn stammt.

Frage: Beinhaltet der Lebenssinn nicht den Schmerz?

– Da Sie den Lebenssinn besitzen, können Sie Schmerz in sich empfinden, und gewöhnlich bemerken Sie diesen Sinn auch nur, wenn Sie schlecht funktionieren.

Eindrücke sind eine Nahrung für das Bewusstsein, für den Astralleib, und ohne Eindrücke gibt es kein Bewusstsein, und ohne jegliches Bewusstsein kein Leben, keine Seele und keinen Geist. Ihre Seele ernährt sich durch Eindrücke, und wenn diese Ernährung unterbrochen ist, gibt es kein Sein mehr. Sie sind, weil Sie bewusst sind.

Frage: Und im Schlaf? Da hat man kein Bewusstsein mehr, weil der Astralleib den physischen Körper verlässt.

– Haben Sie keine Eindrücke mehr, wenn Sie schlafen? Versuchen Sie einmal, im Schlaf ein wenig bewusster zu sein.

Nahrungsmittel und Luft: materieller Bestandteil und subtiler Bestandteil, die sogenannte Lebenskraft

Frage: Ohne Nahrung und ohne Luft gibt es kein Leben. Bleibt denn ohne Bewusstsein ein vegetatives Leben, d.h. kann der physische Körper nicht auch ohne Eindrücke überleben?

– Es findet auch ohne Bewusstsein eine Aufnahme der Eindrücke statt.

Frage: Und nach dem Tod?

– Da haben Sie auf irdischer Ebene kein Bewusstsein mehr.

Frage: Haben die Menschen, die sich im Koma befinden, kein Bewusstsein mehr?

– Da gibt es wiederum verschiedene Stufen: Menschen im sogenannten überschrittenen Koma sind in Wirklichkeit tot. Die anderen können noch auf verschiedenen Ebenen Eindrücke haben. Deshalb sind sie oft fähig zu sagen, was in dem Raum vor sich ging, in dem sie lagen. Diese Menschen besitzen dann noch eine bestimmte Bewusstseinsform. Wenn aber die Wahrnehmungen völlig abbrechen, tritt sofort der Tod ein.

Jeder weiß, dass die physische Nahrung vor allem aus materiellen Elementen zusammengesetzt ist: Mineralien, Spurenelemente, Vitamine, Fette, Kohlenhydrate, Proteine usw. Sie enthalten jedoch auch eine sehr viel subtilere Substanz, eine Energie, eine Art Leben, eine Vitalität: dies sind die ätherischen Kräfte. Wer die bio-dynamische Landwirtschaft kennt, weiß, dass beispielsweise eine Karotte, die auf diese Weise angebaut wurde, mehr ätherische Kräfte enthält, als eine Karotte aus herkömmlichem Anbau.

Dies ist eine intellektuelle, theoretische Kenntnis, in der kein Leben, kein Sein steckt. Von solchen Kenntnissen besitzen wir große Mengen, sie sind eigentlich ohne Wert, weil uns zu dieser Kenntnis das fehlt, was die biologisch-dynamisch angebaute Mohrrübe besitzt, nämlich diese subtile Energie, die das Leben gibt.

Wenn wir aber beginnen, mehr zu sein, beginnt sich unsere intellektuelle Kenntnis zu wandeln und wird zu wahrem Wissen.

Zuhörer: Es gibt aber doch auch weniger intellektuelle Kenntnisformen, der Geschmack einer Mohrrübe beispielsweise oder das Experiment der sogenannten «sensiblen Kristallisation».

– Dies sind Experimente, Kenntnisse, auch wenn sie eine Wahrheit enthalten. Sie wissen durch diese Kenntnisse mehr, Sie selbst sind aber durch diese Kenntnisse nicht mehr geworden.

Frage: Wenn man aber den Mohrrübensamen einpflanzt, wendet man dann nicht das Wissen an?

– Werden Sie dadurch mehr? Sie können dann Mohrrüben pflanzen, Sie wissen dadurch etwas mehr, aber das ist auch alles.

Dieses subtile Element in den Nahrungsmitteln finden wir auch in der zweiten Nahrung, die der Mensch zum Leben benötigt: in der Luft.

Die Luft, die durch unsere Atemorgane aufgenommen wird, enthält außer materiellen Elementen – den verschiedenen Gasen – ein Element, das die Inder «Prana» nennen. Es ist eine Art subtiler Energie, ähnlich der Energie, die sich in den Nahrungsmitteln befindet, eine ätherische Energie, die wir durch die Atmung aufnehmen, und die sich anschließend an die Nahrungsmittel bindet, die in verändertem Zustand in unserer Blutbahn zirkulieren.

Eindrücke, die unter einer Bedingung zur Nahrung für die Seele werden: sich ihrer bewusst werden

Wodurch wird die dritte Nahrung des Menschen, die Eindrücke, aufgenommen? Wenn um Sie herum Lärm ist, tritt dieser durch Ihre Sinne, Ihre Ohren in Sie ein. Genauso wie Sie feste Nahrungsmittel durch den Mund aufnehmen, treten Eindrücke durch Ihre Sinnesorgane ein und werden aufgenommen, wobei diese Sinne sowohl äußerlich als auch innerlich sind. Wodurch werden diese Eindrücke anschließend verarbeitet? Durch das Bewusstsein, man nennt es auch die Seele

Die meisten Eindrücke nehmen wir jedoch nicht bewusst wahr. Manchmal bemerken Sie zufällig, dass Ihnen zu warm ist, oder dass Ihnen frische Luft fehlt, aber oft vergessen Sie es auch, weil Sie sich selbst gegenüber schlafen oder Ihre Aufmerksamkeit beispielsweise auf das beschränkt ist, was ich erzähle. So fallen Sie von einem Zustand in einen anderen. Diejenigen, die nicht schlafen, sondern versuchen, dem Gesagten zu folgen, sind sich vieler anderer Dinge nicht bewusst: der Helligkeit im Raum, der Geräusche von Zügen und Autos, der Beschäftigung der Nachbarn usw. Oder jetzt bemerken Sie, dass Ihnen der Fuß oder der Rücken schmerzt, obwohl Sie es vor einem Augenblick vergessen hatten, weil Ihre Aufmerksamkeit auf das gerichtet war, was ich erzählte. So gibt es große Mengen von Eindrücken, die unbewusst in uns eindringen. Sie bilden den Großteil unseres Unterbewusstseins, das diese Eindrücke jedoch benutzt, um sich unseren Bedürfnissen anzupassen: Es ist zu warm, Sie sind sich dessen nicht bewusst, doch Ihre Körpertemperatur wird sofort reguliert und Sie schwitzen. Das Unterbewusstsein wacht auf diese Weise über die sofortigen Bedürfnisse des Körpers und sichert damit sein Überleben. Die Eindrücke dagegen gehen weitgehend verloren. Und wenn man begreift, dass die Eindrücke eine notwendige Nahrung für unser Bewusstsein, unsere Seele und unseren Geist sind, dann begreift man die Notwendigkeit, etwas bewusster zu werden. Letzte Woche sprachen wir von dem Bewusstsein seiner selbst. Dabei handelt es sich auch um das Bewusstmachen der Eindrücke.

Wie Proteine das Wachstum des physischen Körpers ermöglichen, so sind die Eindrücke Nahrung für die Seele; sie ermöglichen es dem Bewusstsein, sich zu entwickeln – unter einer Voraussetzung: dass man sich dieser Eindrücke bewusst wird. Je bewusster wir sie aufnehmen, desto mehr entwickeln wir Seele und Geist. Die Eindrücke sind nur dann wirklich unserem Organismus nützlich, wenn sie bei ihrer Aufnahme erkannt werden, wenn ihnen Aufmerksamkeit geschenkt wird. Dies kann nur geschehen, wenn man sich seiner selbst bewusst ist. Die Mittel, um bewusster zu werden, sind einerseits die Meditation, die auch dieses Bewusstwerden der Eindrücke beinhaltet, ohne jedoch an ihnen festzuhalten, und andererseits die Selbsterinnerung. Sich zu sagen: «Jetzt versuche ich meiner selbst bewusst zu werden: Ich sitze da, habe die Beine übereinandergeschlagen, höre zu, was er sagt, mir ist zu warm, ich bin müde usw.»

Versuchen Sie jetzt, den restlichen Abend über bewusst zu sein, sich all diese Dinge ins Bewusstsein zu rufen. Wer bewusst ist, schläft nicht mehr. Also versuchen Sie, einige Augenblicke wach zu sein, jedoch nicht nur in Bezug auf das, was ich erzähle. Spüren Sie sich. Und hören Sie mir zu? Aber die meisten haben sich jetzt schon wieder vergessen.

Die Qualität der Eindrücke: eine Nahrung, die gesund, ungesund oder sogar ein Gift sein kann

Weil jeder Eindruck eine Nahrung für die Seele sein kann, gibt es auch gefährliche Nahrungen. Es gibt gesunde, ungesunde und sogar giftige Nahrungsmittel. Genauso gibt es gesunde, richtige Eindrücke und andere, die gefährlich, ja sogar tödlich sein können. Und eines Tages sollte man eine Auswahl aus den Eindrücken treffen, die auf uns einwirken.

Frage: Wie kann man da auswählen?

– Es gibt Eindrücke, denen man nicht ausweichen kann. Hier beispielsweise fährt jede halbe Stunde ein Zug vorbei. Aber ich kann es beispielsweise vermeiden, ständig irgendwelche Musik laufen zu lassen.

Um zu wissen, welche Eindrücke für Sie gut sind und welche nicht, gibt es nur eine Möglichkeit: lernen, in sich hineinzuhören und sich seiner selbst bewusst sein. Man muss sich der Wirkung bewusst sein, die die Eindrücke in einem hinterlassen, indem man sich beobachtet, durch die Selbsterinnerung.

Zuhörer: Weil man nicht man selbst ist, kann man in der Illusion leben, dass alles gut ist.

– Ja, natürlich. Deshalb ist am Anfang nur eins zu tun: beginnen sich zu beobachten, und beobachten ohne zu urteilen. Dies bewirkt, dass man nach und nach bewusster und zu einem Urteil fähig wird. Die Selbstbeobachtung ist der Beginn des Weges. In uns verwandelt sich ab dem Moment etwas, ab dem wir wirklich die Selbstbeobachtung üben. Nach und nach lösen sich die Illusionen auf, die von unserer Vorstellung geschaffen werden, weil wir jedes Mal in die Realität zurückkehren.

Frage: Die Eindrücke ernähren die Seele. Kann man sagen, dass sie von ihrer Natur her also gleich sind?

– Wenn Sie einen Apfel essen, werden Sie dann selbst zum Apfel? Die Nahrung, mit der Sie sich ernähren, wird von Ihnen in Ihrem Inneren verwandelt, Sie vermenschlichen sie. So geschieht es auch mit den Eindrücken, sowohl den äußeren als auch den inneren. Sie nehmen sie als etwas Chaotisches auf und strukturieren sie.

Frage: Die Beschaffenheit des Eindruckes scheint ein subjektiver Faktor zu sein, da es jedem einzelnen überlassen ist, für sich selbst zu urteilen. Gibt es keine objektiven Kriterien?

– Es geht darum, über die Subjektivität zur Objektivität zu gelangen.

Die verschiedenen Stufen der Aufmerksamkeit
Die konzentrierte Aufmerksamkeit: eine gefangene Aufmerksamkeit

Sie beginnen jetzt vielleicht, die Wichtigkeit der Aufmerksamkeit zu verstehen. Zwei Mittel stehen zu Beginn des Weges zu unserer Verfügung: unser physischer Körper mit seinen Sinnen, und die Aufmerksamkeit, die dem physischen Körper gegenüber notwendig ist, wie wir eben gesehen haben.

Es gibt verschiedene Aufmerksamkeitsstufen.

1. Unaufmerksamkeit
2. zerstreute,mechanischeAufmerksamkeit (Zerstreutheit)
3. gefangene, automatische Aufmerksamkeit (Identifikation)
4. fokalisierte, zielgerichtete Aufmerksamkeit (Bewusstsein seiner selbst)
5. objektive, freie und willentliche Aufmerksamkeit (objektives Bewusstsein)

In der ersten Stufe fehlt die Aufmerksamkeit, da schlafen Sie. Die zweite ist die abgelenkte, zerstreute Aufmerksamkeit. Die dritte ist konzentriert, eigentlich aber durch etwas gebannt. Sie ist in Wirklichkeit durch das Objekt gefangen.

Eine willentliche Aufmerksamkeit, die das Bewusstsein seiner selbst beinhaltet

Die vierte Form ist die willentliche Aufmerksamkeit, sie ist zielgerichtet und ähnelt hiermit etwas der vorherigen, umfasst aber noch die Beobachtung seiner selbst. Sie müssen den Unterschied gut begreifen. Der Großteil jener, die hier jetzt nicht schlafen, hört mir zu. Sie haben eine gefangene Aufmerksamkeit, außer, wenn Sie sich von Zeit zu Zeit selbst beobachten und mir zugleich zuhören, wenn sie sich bewusst sind, dass Sie müde sind, dass Sie die Beine gekreuzt haben, dass Ihnen zu warm oder zu kalt ist, dass Sie verstehen, was ich sage usw. Ihre Aufmerksamkeit ist dann auf mich gerichtet und willentlich auf Sie selbst:

Das ist der Beginn einer richtigen Aufmerksamkeit. In der zielgerichteten, dritten Aufmerksamkeitsstufe identifizieren Sie sich völlig mit dem, was gerade geschieht, Sie sind wie hypnotisiert. Die vierte Aufmerksamkeitsstufe dagegen enthält einen Großteil Bewusstsein seiner selbst.

Die «objektive» Aufmerksamkeit: eine vollkommene Aufmerksamkeit

Eine letzte Form der Aufmerksamkeit könnte man die objektive Aufmerksamkeit nennen. Wer sie erlangt hat, braucht keine Anstrengung mehr zu unternehmen, um aufmerksam zu sein. Seine Aufmerksamkeit ist nicht mehr zielgerichtet, sondern er nimmt fast alles wahr, sowohl was um ihn herum, als auch in ihm geschieht. Er ist sich dessen bewusst, was er sagt, was im Saal vor sich geht; er ist sich seiner inneren Organe und deren Funktionsablauf bewusst.

Es ist eine absolute Aufmerksamkeit, an der alle Sinne, die Seele und der Geist teilnehmen.

Die Aufmerksamkeit sich selbst gegenüber: eine Notwendigkeit auf dem Weg Zen-Meditation, Selbsterinnerung

Es ist eine absolute Notwendigkeit sich darin zu üben, aufmerksamer zu sein, wenn man sich selbst gegenüber erwachen will, wenn man vorwärts kommen will. Wer das nicht tut, unternimmt in Wirklichkeit nichts. Das ist die Form der Aufmerksamkeit, die in der «Zen-Meditation» geübt wird: Man setzt sich und konzentriert sich auf seine Haltung, seine Atmung, das ist alles. Man ist sich selbst gegenüber aufmerksam und sich gleichzeitig dessen bewusst, was um einen herum passiert. Die Geräusche stören uns nicht, sie sind einfach da. Man ist aufmerksam den Gedanken und aufkommenden Gefühlen gegenüber. Meditation, die in dieser Form geübt wird, ist eine Form der Selbsterinnerung.

Die Selbsterinnerung kann in jedem Moment des Tages geübt werden, wie wir es heute Abend mehrmals gesehen haben. Man muss versuchen, sich im Laufe des Tages häufig zu sagen: «Jetzt lebe ich»; man versucht zu sehen, wie man lebt, wie man Erlebnisse aufnimmt. Es ist absolut notwendig, diese Anstrengung zu unternehmen.

Einige bevorzugte Mittel: aktives Musikhören, meditative Bewegungen

Eine weitere Art sich zu «ernähren» besteht darin, Eindrücke zu schaffen: indem man sich beispielsweise auf eine Musik konzentriert, ohne sich selbst jedoch darüber zu vergessen. Die Eindrücke, die durch die Musik gegeben werden, treten in Sie ein und formen ihre Seele. Es ist natürlich nicht gleichgültig, welche Musik. Eine Musik trägt eher nährende Kräfte für die Seele in sich als eine andere, wie beispielsweise die verschiedenen Formen sogenannter «objektiver» Musik.

Die meditativen Bewegungen sind ebenfalls eines dieser bevorzugten Mittel, da sie in vollem Bewusstsein des Bewegungsablaufes geübt werden, und durch eine solche objektive Musik begleitet werden, die Elemente in sich trägt, die die Seele ernähren. Das ist eine Aktivität, die in allen Aspekten auf eine Bewusstseinsentwicklung hinzielt. Gewöhnlich hören wir die Musik, die uns gefällt. Solche Musik allerdings, ob sie uns gefällt oder nicht, übt eine Wirkung auf uns aus, sie ernährt unsere Seele. Etwas tritt in unser Bewusstsein ein und ernährt es.

Nichts ist ohne Bedeutung

So ist es mit bestimmter Musik, bestimmter Malerei, mit allem, was unsere Sinne auf die eine oder andere Weise berührt, alle wahren Symbole gehören auch dazu. Es ist nicht ohne Bedeutung mit welchen Symbolen man sich umgibt, weil wir durch unsere Sinne ständig das aufnehmen, was sich um uns herum befindet, ob wir uns dessen bewusst sind oder nicht.

Das Symbol, das wir tragen, der Schmuck, das Bild auf unserem T-Shirt, all das ist nicht ohne Bedeutung. Man muss sehr darauf achten, womit man sich umgibt. Irgendwann muss man sich dessen bewusst werden, dass nichts ohne Bedeutung, sondern jedes Detail wichtig ist. Die gewöhnliche Meinung ist, dass «alles und nichts» wichtig ist. Für die oberflächlichen Menschen, die sich oft für das Gegenteil halten, ist nichts von Bedeutung, außer dem, was sie empfinden, und da ihre Empfindungen von einem Augenblick auf den anderen wechseln, ist tatsächlich nichts wichtig. Sie selbst sind nicht wichtig, da sie überhaupt keinen inneren Bestand haben.

✧

ZAHLREICHE ICHS SICH SELBST GEGENÜBER ERWACHEN DURCH DIE SELBSTBEOBACHTUNG UND DIE ERINNERUNG SEINER SELBST

14.04.92

Seit einiger Zeit versuche ich zu erklären, dass der Mensch in seinem jetzigen Entwicklungstadium in zweierlei Hinsicht ein wirklich unvollkommenes Wesen ist. Er lebt völlig unter seinen Möglichkeiten, denn er ist sich längst nicht all seiner Fähigkeiten und Möglichkeiten bewusst, er hat sie bislang noch nicht entwickelt. Eigentlich kann man ihn nicht einmal wirklich menschlich nennen, er ist völlig unfähig, sich weiter zu entwickeln, unfähig, mehr als «nur» Mensch zu werden. Er hat es bisher nicht nur versäumt, den Keim, den er in sich trägt, zu entwickeln, sondern er nimmt sich damit auch die Möglichkeit, seinem Wesen etwas hinzuzufügen. Er befindet sich also in zweifacher Hinsicht unterhalb seiner ihm möglichen Entwicklungsstufe.

Der Mensch: ein unvollkommenes Wesen, das von seiner eigenen Natur nichts weiß

Der Mensch ist in Bezug auf sich selbst in einer seltsamen Situation, denn er weiß nicht einmal, wie er sich selbst benutzen soll. Stellen Sie sich ein Auto vor, das man mitten in den Urwald zu einem Pygmäenstamm fährt. Was wird der Pygmäe machen, wenn er es entdeckt? Seine erste Reaktion wird sein, dass er Angst bekommt und flüchtet. Kurz danach wird es sicher einen geben, der neugieriger ist, der sich dem Auto nähern wird und sich sagt: «Dies ist ein guter Ort, um die Nacht zu verbringen», und er wird sich hineinlegen. Ein anderer wird sagen: «Eine sehr gute Kammer für Vorräte», er wird die Tür öffnen und seine Jagdbeute hineinlegen. So benutzen auch die meisten Menschen ihre Fähigkeiten. Wie für die Pygmäen das Auto, so wissen Sie nicht, was Sie aus sich machen können.

Ein Instrument, dessen Handhabung man lernen muss

Stellen Sie sich einen dieser Pygmäen vor, der intelligenter und erfindungsreicher ist als die anderen, und der sich nicht damit begnügt, seine Jagdbeute hineinzulegen, sondern begreift, dass man, indem man das Auto anschiebt, die Last im Inneren fortbewegen kann, statt sie auf dem Rücken schleppen zu müssen. Vielleicht wird ein noch Erfindungsreicherer sich sagen, dass man einen Ochsen davor spannen kann. Der Intelligenteste, der Intuitivste wird also von dem Auto den besten Gebrauch machen, wie auch unter Ihnen einige, weil sie offener, intelligenter und intuitiver sind, die menschlichen Gegebenheiten besser ausschöpfen können, die ihnen geschenkt wurden.

Man kann sich weiter vorstellen, dass einer dieser Pygmäen einige Zeit in Europa verbracht hat und weiß, dass man sich mit ein wenig Benzin in diesem Auto fortbewegen kann. Das ist der Pygmäe, der einen richtigen Gebrauch vom Auto macht.

Ein innerer Weg ist ein Weg, der genau dazu führt. Ein Mensch ist wie der Pygmäe ein unvollkommenes Wesen, der nichts vom Auto kennt. Sie sind das! Und das Angebot von dem, der einen geistigen Entwicklungsweg anbietet, lautet: «Lerne das Auto kennen, lerne es seiner Natur gemäß zu benutzen. Werde du selbst und entwickle alle Fähigkeiten, die in dir schlafen, um ein vollkommener Mensch zu werden, um eines Tages sogar mehr zu werden als das, was man Mensch nennt.»

Frage: Hat der Mensch in seiner heutigen Entwicklungsstufe Verspätung auf den Evolutionsplan, läuft er ihm hinterher?

– Darüber werden wir nicht in Begriffen wie «Verspätung» oder «hinterherlaufen» sprechen, sicher ist jedoch, dass der Mensch unvollkommen ist und dass er in der Lage ist, etwas zu unternehmen, um vollkommen zu werden. Auf dem Niveau des Wissens und auf dem Niveau des Seins: mehr werden, mehr sein, um etwas bedeutender zu sein und um etwas mehr Gleichgewicht und innere Harmonie zu erlangen – das, was einige «Glück» und andere «Gott» nennen. Der angebotene Weg ist ein Weg, der dahin führen kann, der dies zum Ziel hat. Wir werden sehen, dass es auf einem Weg absolut notwendig ist, sich ein Ziel zu setzen.

Zahlreiche Ichs

Dieser unvollkommene Mensch glaubt gewöhnlich, ein Wesen, eine Einheit zu sein. Er ist aber nicht nur unvollkommen, sondern auch noch zerstückelt, er hat kein wirklich beständiges Ich, sondern viele wechselhafte Ichs – nicht nur wechselnde Wünsche, sondern wirkliche Ichs, die völlig gegensätzlich sind. Das muss man versuchen zu begreifen: In Ihnen ist keine endgültige Instanz, sondern in einem Augenblick wollen Sie das eine, am folgenden Tag wollen Sie plötzlich etwas ganz anderes.

Frage: Es handelt sich jetzt doch um das niedere Ich, gibt es denn zu diesem Zeitpunkt schon das höhere Ich, auch wenn es sich da noch nicht äußert?

– Ihr höheres Ich existiert nur ab dem Moment, ab dem das niedere Ich sich für dessen Existenz entschließt. Andernfalls besteht es nur als Anlage und nicht als Realität. Das einzige, von dem Sie heute wirklich reden können, ist das, was Sie sind, und Sie sind zergliedert, Sie sind kein geeintes Ich.

Genauso glauben Sie, Ihren Nachbarn zu kennen, Sie glauben, seine Persönlichkeit zu kennen. Aber auch diese Persönlichkeit ist relativ wechselhaft, sie ist kein beständiges Element dieses Menschen. Seine Erfahrung, seine Erziehung haben ihn zu dem gemacht, was er heute ist. Aber es ist keine geeinte Persönlichkeit, sondern etwas sehr Wechselhaftes. Das sogenannte höhere Ich dagegen, das man die Essenz des Wesens nennen könnte, hat nichts mit der Persönlichkeit zu tun. Diese Essenz allerdings kennen Sie nicht. Sie kennen nicht einmal die zahlreichen Aspekte Ihrer Persönlichkeit: Manchmal sind Sie erstaunt darüber, wozu Sie in der Lage sind, oft sind Sie aber auch erstaunt darüber, zu wie wenig Sie in der Lage sind, wie wenig Willen Sie beispielsweise haben.

Ein Wille, der praktisch nicht vorhanden ist
Ein Wille, der nur Wunsch ist

Zuletzt sagte ich, dass Sie überhaupt keinen Willen haben, dass Ihr scheinbarer Wille in Wirklichkeit nur ein starker Wunsch ist. Versuchen Sie jetzt, drei Minuten lang Ihrer selbst bewusst zu sein, das heißt Ihrer Atmung, Ihres Rückens, der an die Stuhllehne drückt, Ihres Gesäßes auf der Sitzfläche, Ihrer Füße auf dem Boden, Ihrer Beine, des Zuges, der draußen vorbeifährt. Pierre, sind Sie sich jetzt Ihrer selbst bewusst? Nein! Er ist sich nur einer Sache, vielleicht seines Fußes bewusst, und den Rest hat er schon vergessen. Er hat den Rücken, die Hände, die Beine usw. vergessen. Weil er mit seinem Willen nicht in der Lage ist, seiner selbst bewusst zu bleiben und mir gleichzeitig zuzuhören. Der Wille ist an die Intensität der Aufmerksamkeit gebunden, die man aufbringen kann, und diese Aufmerksamkeitsfähigkeit ist fast nicht vorhanden. In diesem Augenblick versuchen Sie mir zu folgen und sofort verfliegt der Rest des Willens, Sie sind sich Ihrer selbst nicht mehr bewusst.

Ein labiler Wille, Spiegel der zergliederten Persönlichkeit

Der Mensch hat sehr wenig Willen. Was er für seinen Willen hält, sind nur ein paar Wünsche. Es ist wichtig, das zu begreifen. Sie wissen doch sehr gut, dass Sie manchmal heute etwas «wollen», und dass es sehr wohl sein kann, dass Sie dasselbe am folgenden Tat überhaupt nicht mehr wollen. Aus welchem Grund ändern sich Entschlüsse? Weil wir zergliedert sind und wir in uns jemanden haben, ein denkendes Ich, welches sich sagt: «Ich weiß nun, was gut ist, ich weiß was zu tun ist, um mich zu entwickeln oder um mich ganz einfach wohl zu fühlen, und das werde ich tun.» Für einige Zeit wird man es tun, aber am folgenden Morgen schon wacht man mit schlechter Laune auf, weil man noch müde ist oder Sorgen hat. Und man hat plötzlich überhaupt keine Lust mehr, das Beschlossene zu tun. Es kann auch sein, dass man schon gar nicht mehr weiß, was man beschlossen hatte oder plötzlich tausend gute Gründe findet, das Beschlossene für unvernünftig zu erklären. Ein zweites Zentrum hat sich eingemischt: das emotionale Zentrum, das Zentrum der Gefühle. Das sind schon zwei Ichs, und es gibt noch viele andere.

Sich durch die Selbstbeobachtung kennen lernen

Es ist auf dem Weg sehr wichtig, sich dessen bewusst zu werden, nicht als eine Theorie, sondern als eine Wirklichkeit, als eine Sache, die Sie wirklich erleben. «Kenne dich selbst.» Sich selbst zu kennen heißt, sich jetzt zu kennen. Nicht das kennen, was man gestern war oder morgen sein will, sondern jetzt: was ich jetzt bin, in jedem Augenblick.

Dies gelingt durch die Selbstbeobachtung, durch das Wachsein sich selbst gegenüber. Wer das nicht tut, kann sich nicht kennen lernen. Doch! Durch das, was ein anderer von ihm denkt, was sein Nachbar, der Mann oder die Frau dazu sagen, oder durch die Theorie eines Psychologen oder eines Psychoanalytikers. Aber all das ist nicht sich selbst kennen! Da sieht man sich durch die verzerrende Brille eines anderen. Die Kenntnis seiner selbst kann nur an die Selbstbeobachtung, an die Kenntnis, die man von sich hat, gebunden sein.

Der Wachzustand des gewöhnlichen Menschen: der Schlaf

Wer nicht schläft ist wach: Er ist sich seiner selbst bewusst. Und ist man sich seiner selbst nicht bewusst, schläft man. Jetzt haben Sie die Gelegenheit, einen Augenblick aufzuwachen, Ihrer selbst bewusst zu sein, Sie können sich physisch empfinden, Sie können hören, was ich sage. Manche sind in ihren Emotionen, sie langweilen sich, andere sind an dem interessiert, was ich sage. Bemerken Sie, welch kurze Zeit Sie Ihrer selbst bewusst sein können. Sehr schnell werden Sie wieder müde oder gelangweilt sein, oder Sie werden wieder meinen Worten folgen und darüber sich selbst vergessen, außer wenn Ihre Aufmerksamkeit auf einen Schmerz fokalisiert wird. Doch dieser Schmerz lässt Sie nur eines kleinen Teils Ihrer selbst bewusst sein. Begreifen Sie das gut. Ich wiederhole das, weil es absolut wesentlich ist. Wenn Sie mir zuhören, dann schlafen sie ein, Sie sind Ihrer selbst nicht mehr bewusst, Sie schlafen sich selbst gegenüber ein. Heute sind Sie noch unfähig mir zuzuhören, Sie verlieren sich selbst darüber.

Zum Erwachen: sich selbst und der Außenwelt gegenüber aufmerksam sein durch die Selbsterinnerung

Wenn Sie allerdings beginnen, die einfache Übung zu machen – sie scheint nur auf den ersten Blick sehr einfach – mir zuzuhören und sich gleichzeitig Ihrer selbst bewusst zu sein, so wird Ihnen das am Anfang nur einige Augenblicke gelingen, und sehr schnell werden Sie sich vergessen oder sich so sehr auf sich konzentrieren, dass Sie mich und das Gesagte vergessen. Sie haben nicht die Energie und die Kraft, wach zu bleiben und gleichzeitig zu erfassen, was um Sie herum geschieht.

Sie können diese Übung aber auch regelmäßig machen: Sie können beispielsweise während der Arbeit jemanden reden hören und sich gleichzeitig sagen: Ich versuche meiner selbst bewusst zu sein – das nennt man die Selbsterinnerung. Sie erinnern sich sozusagen an sich selbst und gleichzeitig hören Sie etwas oder erledigen eine Arbeit. Zu Beginn wird Ihnen das nur während drei oder zehn Sekunden gelingen, eine Minute manchmal, aber immer öfter wird es Ihnen auf die Dauer gelingen zwei, fünf oder zehn Minuten durchzuhalten. Und eines

Tages werden Sie vielleicht ständig bewusst sein, nicht nur von der Sache, auf die Sie Ihre Aufmerksamkeit richten, sondern auch allem anderen gegenüber. Ihre Sinne sind dann wirklich geöffnet, allem gegenüber. Diese Etappe wird im Orient das «Erwachen» genannt.

Die Menschen, die auf fast krankhafte Art mit sich selbst beschäftigt sind oder Sorgen haben, sind so sehr auf sich selbst konzentriert, dass sie den Kontakt zur Realität verlieren, und diejenigen, die sich nur dafür interessieren, was um sie herum geschieht, sind sich selbst gegenüber zerstreut. Ständig schwanken wir zwischen diesen beiden Zuständen und sind damit völlig abwesend.

Die Notwendigkeit eines Zieles

Ich sagte vorhin, dass man sich auf einem Weg der inneren Entwicklung Ziele setzen muss, beispielsweise das Ziel, ein geeintes «Ich» zu werden. Für manche mag es die «Schwellenüberschreitung» sein, für andere wird das Ziel die Begegnung mit Gott oder Christus sein, wiederum andere Menschen, die eine Neigung zum Buddhismus haben, werden es die Erleuchtung nennen. Für manche kann es sich auch nur darum handeln, inneres Gleichgewicht und Ruhe zu finden. Jeder kann sein Ziel festsetzen, aber ein Ziel ist notwendig. Auf einem Weg braucht man ein Ziel, sonst kommt man nicht voran, und dieses Ziel muss man für wesentlich halten: Im geistigen Bereich sollte man lieber etwas anderes tun, wenn das Ziel nicht wichtig ist.

Eine Moral, die sich an diesem Ziel orientiert

Dieses Ziel ist eine Grundlage, die es erlaubt, einige Begriffe wie die Sünde zu definieren. Die Sünde kann nur anhand des gesteckten Zieles definiert werden. Für ernsthafte Menschen jedenfalls. Für denjenigen, der sich damit begnügt, die äußere Moral, die durch die Kirche oder den Staat aufgesetzt wurde, zu befolgen, ist die Sünde definiert worden: «Das darfst du tun und das nicht.» Aber für denjenigen, der weiß, dass man sich durch eine eigene persönliche Moral definieren kann, wird Sünde all das sein, was vom Weg wegführt. Ausgehend von diesem Punkt kann man auch das Wort «nützlich» definieren. Nützlich ist nur, was die Entwicklung auf dem zielgerichteten Weg fördert und «schädlich» all das, was bremst und die Evolution behindert. Dies ist sehr wichtig für alle, die einen Weg gehen. Es ist sehr wichtig, sich ein Ziel zu setzen und anschließend die Mittel zu ergreifen, um es zu erreichen und sich im Klaren zu sein, dass alles, was dem entgegensteht, schädlich ist.

Die Beherrschung des Denkens

Man muss auch versuchen, sich auf der Gedankenebene Ziele zu setzen. Unsere Gedanken treten gewöhnlich ohne Ziele auf. Wie viel Zeit am Tag sind Sie wirklich wach? Einige Sekunden vielleicht. Und was geschieht ansonsten mit Ihren Gedanken? Sie gehen ständig von einer Idee zur anderen, von einer Empfindung oder einem Gefühl zum nächsten. Man kann sagen, dass Sie praktisch keine Kontrolle über Ihr Denken haben. Und darauf zu hoffen, irgendeine wahre Wissensform mit diesem Denken zu erlangen, ist die größte Illusion. Sie können ein paar Kenntnisse ansammeln, das ist alles. Man muss sich ein Ziel setzen, das man anschließend wieder vergisst, dann die Übungen auf dem Weg machen und sich dabei alle Mühe geben. Aber welchen Weg soll man einschlagen, wenn man sich kein Ziel gesetzt hat? Ein Ziel ist notwendig.

Frage: Was verstehen Sie darunter «seinen Gedanken ein Ziel setzen»?

– Aufhören, richtungslos zu denken, sondern seine Gedanken zum Studium oder zur Lösung eines Problems zu benutzen. Das kann die Überlegung sein, was Sie heute kochen sollen oder auch das Nachdenken über eine philosophische oder berufliche Frage. Das spielt keine große Rolle, aber wichtig ist, dass Sie Ihr Denken auf ein bestimmtes Ziel lenken. Was geschieht, wenn Sie keinen Anlass dazu haben, etwas Bestimmtes zu denken? Ihre Gedanken wandern, auch während Sie mit etwas beschäftigt sind: Sie sitzen am Steuer Ihres Wagens und denken daran, was Sie nachher oder morgen tun werden. Und so ist es ständig. Man tut eine Sache und denkt gleichzeitig an eine andere, weil man das Denken nicht beherrscht. Natürlich ist es möglich, einen Wagen zu steuern und gleichzeitig seine Gedanken einem Problem zu widmen, aber nur dann, wenn man es willentlich beschlossen hat: Dann ist es nicht unbedingt falsch. Sicher ist, dass man auf die Beherrschung des Denkens hinzielen muss und es anschließend wirksam zum Erlangen des Wissens einsetzt.

Ein Haus ohne Hausherr, das den vielen «Ichs» ausgeliefert ist

Im Mittleren Osten vergleicht man den Menschen oft mit einem Haus, das von zahlreichen «Ichs» bewohnt wird. Diese «Ichs» sind die Bediensteten des Hauses, die Köchin, die Magd, der Gärtner, der Hausmeister, die Putzfrau. Jeder hat eine spezifische Aufgabe, aber was geschieht, wenn es keinen Hausherrn gibt? Jeder tut das, was er gerade will. Und da der Koch gar nicht gerne eingesperrt lebt, spaziert er im Park herum. Der Gärtner ist müde und ruht sich im Inneren aus. Die Putzfrau isst gerne Kuchen, also backt sie einen. Was geschieht da? Jedes dieser zahlreichen Ichs geht in die Richtung, in die es gehen will. Ihre Gedanken beispielsweise mischen sich in Gefühlsprobleme ein, und Ihr emotionales Zentrum kümmert sich um die Gedanken. Wenn Sie zum Beispiel eine bestimmte Sorge haben, dann gelingt es Ihnen nicht, Ihre Gedanken zur intellektuellen Arbeit zu bewegen, sondern Ihre Gefühle stören ständig und hindern Sie daran, sich vernünftig zu konzentrieren. Ein «Ich» in Ihnen oder ein Zentrum in Ihnen mischt sich in die Aufgabe eines anderen ein.

Genau das geschieht in einem Haus ohne Herrn täglich: Jeder tut das, was er will und nicht unbedingt das, wofür er da ist. Aber nach einiger Zeit merken die Angestellten des Hauses, dass es so nicht weitergehen kann, und sie beschließen, gemeinsam einen Chef zu wählen. Sie wählen einen Koordinatoren für die Zeit, in der der wirkliche Hüter noch nicht da ist. Geht es damit allein schon besser? Das kommt auf den Gewählten an! Eines Tages entschließt man sich dazu, nur so zu leben, wie man es als richtig empfindet, aber was passiert, wenn die Art zu empfinden nicht gut ist? Manchmal trifft man durch Zufall das Richtige, andere Male trifft man vollkommen daneben. (Zerlegt man das französische Wort für Gefühl, bekommt man ein aufschlussreiches Wortspiel: «senti-ment» heißt soviel wie: «Das Gefühl lügt.») Andere sagen sich: Ich tue, was ich denke. Aber da irren Sie sich genauso oft wie die ersten, weil sie sich darauf beschränken, das Leben nur intellektuell anzugehen, und sie vernachlässigen das, was über den Intellekt hinausgeht. Man muss auch die Gefühle mit einbeziehen.

Das passiert also, wenn all die kleineren Ichs, die Angestellten des Hauses, einen unter sich auswählen. Manchmal gelingt es, ein anderes Mal überhaupt nicht.

Zum Glück taucht dann eines Tages der wahre Koordinator auf, dessen Aufgabe die Führung des Ganzen ist. Der Koordinator ist der, der beginnt, eine Kenntnis über die Abläufe im Haus zu haben. Das ist der Beginn des höheren Ichs, es ist keines von den anderen. Und eines Tages, wenn der Koordinator Ordnung in den Haufen gebracht hat, dominiert nicht mehr eines dieser Ichs. Zu diesem Zeitpunkt kann vielleicht ein anderer kommen, den man den wahren Hüter des Hauses nennt.

Unterschiedliche Ichs spielen verschiedene Rollen

Diese zahlreichen Ichs sind auch die Ursache der unterschiedlichen Rollen, die wir einnehmen. Hier sind Sie ein bestimmtes Ich. Wenn Sie nach Hause kommen, sind Sie bei Ihrem Mann, Ihren Kindern und Ihren Eltern in eine andere Rolle gedrängt, auf Ihrer Arbeit in eine weitere, mit diesem

Freund sind Sie dieses Ich, mit jenem ein anderes. So schlüpfen Sie von einer Rolle in die nächste. Sie denken zwar, dass Sie es sind oder ein höheres Ich, das beschließt, diese oder jene Rolle zu spielen, aber welches ist Ihr wirkliches Ich, das sich dazu entschließt, diese unterschiedlichen Rollen zu spielen? Der Familienvater? Der Angestellte? Sie stellen fest, dass Sie je nach der jeweiligen Situation ein anderer sind, aber Sie sagen sich: Dies alles bin ich. In Wirklichkeit ist das nicht ein Ich, sondern es sind zahlreiche. In Ihnen herrscht keine Einheit, kein Zentrum, das sagen könnte: «So, dies alles bin ich und ich entscheide mich, diese Rollen zu spielen.» Es ist eine Illusion, das Gegenteil zu denken. Dieses Ich existiert nicht.

Zu Beginn den Besten in der Vielfalt wählen

Einen gibt es, der entscheiden kann. Dieser sitzt beispielsweise heute Abend hier und sagt sich: «Ich will hier meine geistigen Fähigkeiten entwickeln, ich will jetzt das sein, was ich hier höre, was ich als richtig empfinde, und ich werde versuchen, es in allen Bereichen meines Lebens anzuwenden.»

Aber das hat nur das Ich beschlossen, das heute Abend hier sitzt. Sie wissen sehr gut, dass dies nicht geht, aber dieses Ich kann es jedenfalls beschließen. Es ist dann einer dieser Angestellten des Hauses, der Herr über die anderen werden will. Es hat beispielsweise beschlossen, dass das berufliche Ich sich entsprechend moralischer Gebote verhält. Aber dann finden Sie sich in einer bestimmten beruflichen Situation wieder und sagen sich, dass man ausgerechnet hier nicht so handeln kann. Und sofort fallen Sie wieder aus Ihrer Rolle heraus.

Es ist also sehr schwierig für eines dieser Ichs, für die Gesamtheit zu handeln und sich diese Gesamtheit zu unterstellen. Aber es ist das Einzige, was Sie tun können. Was ist die Lösung? Immer fällt eines der Ichs die Entscheidung für eine Sache. Das Ich, das Sie für das intelligenteste oder vielleicht geistigste Ich in sich halten, hat beschlossen, sich die anderen untertan zu machen. Nur damit kann man beginnen. Man kann nicht mit dem anfangen, was man nicht hat. Den wahren Hausherrn kennen wir noch nicht, also beginnen wir mit etwas, das in uns bereits existiert.

Ein neues Zentrum entsteht, der Beginn des wahren Ich: durch die Selbstbeobachtung und die Gegenwart seiner selbst

Beginnen Sie zu beobachten, sich dessen bewusst zu sein, was in Ihnen geschieht. Mit ein wenig Glück wird das eine Änderung mit sich bringen. Welches dieser Ichs beobachtet? Das Ich, das der Hüter des Hauses sein will. Wenn Sie diese Beobachtung so häufig wie möglich machen, lassen Sie in sich ein neues Zentrum entstehen. Sie erschaffen den Beginn des wahren Ichs, den sogenannten wahren Hüter. Es entsteht dann in Ihnen eine Instanz, die beobachtet und die nicht zu den anderen gehört. Und das wird alles ändern. Die Beobachtung wird in Ihnen ein Zentrum bilden, das stark wird und nicht wie die zahlreichen Persönlichkeiten zwischen Wünschen, Gedanken und Gefühlen hin- und hergerissen sein wird. Durch diese Beobachtung unserer selbst entsteht eine Energie, die uns Stabilität geben wird.

Diese Aufmerksamkeit sich selbst gegenüber schafft etwas Neues und führt nach und nach dazu, dass man sich eines Zentrums in sich bewusst wird. Das ist der Beginn des wahren Ichs. Zunächst ist dies die Vorgehensweise.

Gefangener aus Unwissenheit oder aus Angst

Gleichzeitig muss man noch lernen, etwas anderes zu beobachten: nämlich in welchem Zentrum Sie sich befinden Wir haben gesehen, dass es mehrere Zentren in uns gibt: das intellektuelle, emotionale, motorische und instinktive Zentrum. Es gibt verschiedene Arten, sich zu beobachten. Sie können sich zum Beispiel physisch beobachten: Sie spüren Ihre Füße, Ihren Kopf, Ihren Rücken, Ihre Hände. In welcher Funktion befinden Sie sich, wenn Sie mir zuhören? Wenn Sie mir aufmerksam zuhören und verstehen, was ich sage, dann sind Sie in Ihrem intellektuellen Zentrum. Deswegen sind Sie heute Abend eigentlich gekommen, aber einige langweilen sich auch. Was bedeutet das? Das zeigt, dass Sie vom intellektuellen Zentrum in das emotionale Zentrum übergewechselt sind und deswegen nicht mehr gut zuhören können. Sie langweilen sich, weil Sie nicht mehr folgen können. Andere befinden sich in ihrem motorischen Zentrum, sie sind müde und schlafen ein bisschen vor sich hin. Im Grunde genommen haben Sie Schwierigkeiten, sobald Sie nicht mehr in dem Zentrum sind, das der Situation angepasst ist, die Sie gerade erleben. Es ist sehr wichtig, das zu merken. Wenn Sie sich selbst in Ihrem Leben beobachten, werden Sie sehen, dass Sie in Schwierigkeiten sind, Sorge oder Angst haben beispielsweise, wenn Sie sich nicht mehr in dem der Situation angemessenen Zentrum befinden. Wenn Sie zugleich in allen Zentren wären, völlig geeint, dann wären Sie ein wahres Ich. Sie haben aber noch zu wenig Energie, um in allen vier Zentren gleichzeitig anwesend zu sein, Sie haben gerade genug, um in zweien zu sein, und oft gehen Sie dann nur von dem einen in das andere über. Eine östliche Weisheit besagt, dass der heutige Mensch tatsächlich in einem Gefängnis lebt, gefangen durch einige Gefühle – Antipathie, Sympathie, Verliebtheit – gefangen durch bestimmte Gedanken, die auf ihn wirken und ihn daran hindern das zu tun, was er wirklich tun will. Es bleibt ihm also nur eines: Die Flucht! Die meisten können aber gar nicht flüchten, weil ihnen diese Gefangenschaft gar nicht bewusst ist. Und diejenigen, die sich dessen bewusst sind, haben solche Angst vor dem, was sich auf der anderen Seite der Mauer befindet, dass sie lieber in ihrem Gefängnis bleiben. Da sind sie wenigstens auf bekanntem Gebiet. Aber auch dort fühlen sie sich nicht wohl, haben Sorgen und sind traurig.

Die Voraussetzungen zur Flucht

Was ist in dem Moment zu tun, wenn man einmal erkannt hat, dass man gefangen ist und den Entschluss gefasst hat, von da ausbrechen zu wollen? Die Tatsache, dass Sie hier sind, bedeutet, dass Sie ein Ketzer sind oder es jedenfalls waren, dass Sie also nicht nach den gewöhnlichen Normen gelebt haben. Sie werden sich auflehnen, Sie werden versuchen, aus dem Gefängnis auszubrechen. Sie werden damit beginnen, einen Tunnel zu graben. Allein die Tatsache, dass Sie hier sind, bedeutet für jeden einzelnen, dass er nicht in diesem Gefängnis bleiben kann, auch wenn einige Angst davor haben auszubrechen. Das ist der Sinn für dieses Vorgehen, auch wenn man schlechte Methoden für den Ausbruch ergreift. Man beginnt also, einen Tunnel zu graben: Das ist das beste Mittel, um aus dem Gefängnis auszubrechen.

Zuhörer: Man glaubt, aus einem Gefängnis auszubrechen und kommt doch in ein anderes.

– Jemand, der Angst hat, glaubt das! Was braucht man, um einen Tunnel zu graben? Man braucht Hilfe: Man muss andere finden, die das gleiche Bedürfnis wie Sie haben. Das ist wichtig, denn ohne andere wird es Ihnen nie gelingen herauszukommen. Und was braucht man noch? Komplizen von außen. Menschen, die schon einen Tunnel gegraben haben und denen die Flucht gelungen ist.

Im Gefängnis muss es Menschen mit dem gleichen Gedanken geben, dem Wunsch zur Flucht, dem Aufbruch zu etwas anderem, dem Eintritt in eine andere Dimension. Und draußen muss es jemanden geben, der diesen Weg schon gegangen ist.

Diese Allegorie entspricht in etwa dem Zustand des Menschen, der sich seines Zustandes bewusst wird und sich dazu entschließt, aus diesem Gefängnis auszubrechen, um in eine andere Dimension einzutreten. Aber zuerst muss man das Gefängnis erkennen, sich bewusst werden, in welchem Zustand man lebt, das ist der erste Schritt, und danach muss man den Willen haben auszubrechen. Merken Sie sich die Reihenfolge, das ist wichtig: Man kann keine Stufe überspringen oder einen Aspekt außer Acht lassen. Drittens muss man Komplizen mit dem gleichen Wunsch haben und jemanden, der schon die Erfahrung des Weges hat, der Sie draußen mit dem Fluchtauto erwartet und Ihnen Werkzeuge und Pläne gibt: Das ist die vierte Bedingung, die Notwendigkeit der Hilfe von außen.

Notwendige Bedingung: die eigene Arbeit, die mit der Selbsterinnerung beginnt

Schließlich muss man arbeiten. Denn es genügt nicht zu erkennen, dass man eingesperrt ist, dass man den Wunsch hat auszubrechen, es reicht auch nicht, Personen mit gleichem Wunsch zu finden oder jemanden zu treffen, der den Weg bereits gegangen ist. All das ist sinnlos, wenn Sie sich nicht dazu entschließen können, selbst zu graben. Und da sind Sie wirklich allein. Niemand kann an Ihrer Stelle diese Arbeit machen. Wenn Sie nicht beginnen, selbst etwas zu machen, kommen Sie nie da heraus. Es bringt nichts zu glauben. Auch ein Glaube, der Berge versetzt, nützt Ihnen nichts, es bringt auch nichts zu beten: Wenn Sie nicht selbst arbeiten, so erreichen Sie gar nichts. Und diese Arbeit an sich selbst beginnt bei der Selbstbeobachtung und der Selbsterinnerung.

Um sich kennen zu lernen: Meditation, Selbsterinnerung und einige praktische Übungen

Man lernt, sich seiner selbst bewusst zu sein, aufzuwachen aus dem Schlaf sich selbst gegenüber, indem man sich im Laufe des Tages sagt: «Was erlebe ich gerade, was fühle ich, was spielt sich in mir ab?»

Auch wenn wir uns oft nur unserer physischen Empfindungen bewusst werden: Es reicht, in jeder Stunde 30 Sekunden lang diese Übung zu machen, auf die Regelmäßigkeit kommt es an.

Als zweites ist die Meditation ein notwendiges Mittel, um sich kennen zu lernen. Sie besteht darin, sich ständig sich selbst in das eigene Bewusstsein zu rufen, sich seiner Haltung, seiner Atmung, seiner Empfindungen, Gefühle, sogar der Gedanken bewusst zu werden. Sie ist eine Form der intensiveren Selbsterinnerung.

Ein anderer «Trick», seiner selbst bewusst zu werden, bedient sich unserer Gewohnheiten; jeder hat Gewohnheiten, beispielsweise auf eine bestimmte Art zu gehen, zu sprechen, zu denken. Eine Möglichkeit sich kennen zu lernen besteht darin, sich zu beobachten und seine Gewohnheiten zu ändern. Ändern Sie die Art wie Sie gehen, sich setzen, dies wird Ihnen auf jeden Fall helfen, sich zu beobachten, weil Sie ja in dem Moment eine bewusste, willentliche Tat durchführen. Sie werden sehen, welche Schwierigkeiten es Ihnen bereiten wird, anders zu gehen, aber dadurch lernen Sie sich kennen und nähern sich im Grunde Ihrer selbst an.

Das ist ein Trick, und es gibt auch noch andere, wie die Vermeidung der negativen Gefühle. Marie-Thérèse, Sie haben das Glück, keine negativen Gefühle in sich zu haben. Wären Sie wie andere, würden Sie leicht in Wut geraten, würden sich leicht aufregen, dann wüssten Sie vielleicht, was ein negatives Gefühl ist. Aber Marie-Thérèse hat ja dieses Problem nicht: Sie wird nur dann wütend, wenn jemand sie ärgert, da hat sie doch recht sich aufzuregen! Für alle negativen Gefühle gibt es immer gute Gründe.

Machen Sie sich das klar, und wenn Sie das nicht verstehen, dann können Sie nicht begreifen, dass es überhaupt keinen Grund geben kann, ein negatives Gefühl zu äußern, es gibt nur Vorwände. Zudem besteht überhaupt kein Grund, dieses negative Gefühl zu hegen. Vielleicht denken Sie jetzt an den «gerechten Zorn»? Auf den kommen wir später zurück. Sie finden für Ihren Zorn und Ihre Aufregung immer irgendwelche Gründe, insbesondere bei den anderen, immer außerhalb von Ihnen. Es ist immer ein anderer Schuld an Ihrer Wut, wo doch in Wirklichkeit die Wut in einem selbst ist. Sie produzieren den Zorn selbst, Sie erleben ihn und lassen ihn dann aus sich heraus in Ihre Umgebung, obwohl es keinen Grund gibt, in Wut zu geraten.

Zudem macht es Sie selbst meist unglücklich. Was macht Marie-Thérèse, wenn in ihr Wut aufsteigt? Entweder sie explodiert, oder sie explodiert nicht und rennt dann nach Hause und sperrt sich ein. Wenn man negative Gedanken in sich trägt, so schadet man entweder den anderen, oder man frisst sie in sich hinein, hält sie zurück und schadet damit sich selbst. Natürlich ist keine der beiden Haltungen richtig. Es kann nur eine mögliche Haltung geben: weder das negative Gefühl äußern noch es in sich zurückhalten, sondern es beobachten, sich selbst beobachten. Zunächst werden Sie trotzdem vor Wut platzen, und es wird Ihnen nicht gleich gelingen, sich zu beherrschen. Sie müssen dazu ein Mittel finden, aber zuerst müssen Sie wissen, dass kein negatives Gefühl seine Berechtigung hat.

Zuhörer: Wenn man sie aber nicht äußert, so bleibt doch keine andere Wahl, als sie zurückzudrängen.

– Zurückdrängen heißt, das Gefühl hinunterschlucken, es in sich zu behalten. Das ist nicht der Sinn der Sache. Es geht darum, in sich zu beobachten, was abläuft, und indem Sie beginnen, sich zu beobachten, werden Sie feststellen, dass dann manchmal etwas anderes geschieht. Wenn Sie genügend Energie aufbringen können, um sich wirklich aufmerksam zu beobachten, dann geschieht etwas anderes, aber da Sie über zu wenig Energie verfügen, schlucken Sie das Gefühl entweder hinunter oder Sie äußern es. Aber es gibt die Möglichkeit, etwas anderes zu tun.

Die negativen Gefühle: eine Funktion, die der menschlichen Natur an sich fremd ist

Alles, was im Menschen lebt, wird durch eines der Zentren erlebt: Seine positiven Gefühle lebt der Mensch im emotionalen Zentrum, seine Gedanken mit dem intellektuellen Zentrum. In ihm gibt es jedoch kein Zentrum der negativen Emotionen. Das emotionale Zentrum ist nur positiv. Die negativen Emotionen sind eine Illusion, die Sie selbst erschaffen, es gibt kein Zentrum für sie. An dem Tag, an dem Sie das verstehen, werden alle negativen Gefühle verschwinden. Man kann allerdings so handeln – und darin besteht der gerechte Zorn – als ob dieses Gefühl existierte, aber in Wirklichkeit existiert es nicht. Solch eine aktive oder auch pädagogische Haltung, die eine Äußerung ähnlich der Wut beinhaltet, steht nicht unter dem Einfluss der Wut.

Frage: Wird das dann nicht sehr gekünstelt und unglaubwürdig aussehen?

– Glauben Sie, dass Sie nur dann glaubwürdig erscheinen, wenn Sie unter dem Einfluss eines negativen Gefühls stehen? Das ist falsch, gerade dann sind Sie am unglaubwürdigsten, denn Sie sind durch ein Gefühl beherrscht, Sie sind nicht Sie selbst, sondern die Wut lebt durch Sie und aus Ihnen heraus. Derjenige jedoch, der sich einer bestimmten Situation bewusst wird und beschließt, dass auf eine gewisse Art gehandelt werden muss, tut das richtige, selbst wenn man von außen betrachtet seine Reaktion als Wut interpretieren könnte. Er ist glaubwürdig, weil er völlig er selbst ist, er befindet sich der Situation gegenüber in der richtigen Haltung. Als Jesus Christus die Händler im Tempel sieht, hat er keine Wut in sich, sondern tut das einzig Richtige: Er wirft die Tische um, verjagt die Händler, weil sie an diesem heiligen Ort nichts verloren haben. Die Interpretation, die andere von einer solchen Tat geben, ist unwichtig, was zählt ist das, was in uns lebt.

Handeln, wo es möglich ist

Das sind einige Hilfen, um bestimmte Regeln konkret anzuwenden und auf dem Weg vorwärts zu kommen. Versuchen Sie, die Selbsterinnerung so oft wie möglich zu üben und eine bestimmte Zeit zu meditieren. Versuchen Sie auch, willentlich und bewusst Ihre Gewohnheiten zu ändern und die Äußerung negativer Gefühle zu vermeiden.

Sie wissen, dass die negativen Gedanken in Ihnen existieren. Wenn Sie cholerisch sind, so wird Wut aufkommen. Was können Sie da machen? Können Sie gegen die Ursache angehen?

Nein, meistens werden Sie glauben, dass die Ursache äußerlich ist, dass es jemand ist, der Sie aufregt. Sie können Ihr cholerisches Temperament nicht beeinflussen, genauso wenig die Tendenz in Ihnen, in Wut zu geraten. Worauf können Sie dann Einfluss nehmen? Zunächst auf den oberflächlichsten Teil der Wut, ihre Äußerung, und zwar nicht durch das Verdrängen, sondern durch Selbstbeobachtung. So geht es mit allen negativen Gefühlen. Sie können nicht von heute auf morgen ohne Wut sein. Was Sie aber sofort tun können ist, auf die Äußerung dieser Gefühle zu verzichten. Da können Sie handeln, das ist eine konkrete Wirklichkeit.

Die angemessene Wortwahl

Was kann man noch tun? Weniger sprechen, das ist einer der Hauptpunkte. Einige unter uns reden, ohne im Grund etwas auszusagen. Es ist unerlässlich, seine Zunge ein wenig zu zügeln, lernen zu schweigen, wenn man auf einem inneren Weg ist. Zu Beginn sollte man nicht mit allen möglichen Personen über diesen Weg reden, sondern nur mit denen, die selbst einen Weg gehen oder die ein echtes Interesse dafür haben.

In den Evangelien treten zwei erstaunliche Dinge auf, von denen fast nie gesprochen wird. Die Selbsterinnerung wird ständig angesprochen. Wenn ich mich recht erinnere, findet man mindestens 17 mal die Aufforderung Jesu Christi: «Wachet!» 17 mal, das ist sehr häufig. Sicherlich sind es die Worte, die am häufigsten wiederholt werden. «Wachet!» das bedeutet: «Ihr schlaft, wacht aus Eurem Schlaf auf.» Das ist der Punkt, den ich seit Wochen wiederhole.

Zugleich liest man in den Evangelien, dass Jesus Christus die Menschen 17 mal dazu auffordert, nicht zu sprechen. Zum Beispiel heilt er einen Kranken und sagt ihm, er solle es nicht weiter erzählen, er solle sich zeigen, aber darüber schweigen. Ein anderes Mal verjagt er Dämonen, sagt aber denen, die er davon befreit hat, dass sie nicht darüber reden sollen. Jedes Mal wenn eine wichtige Tat vollbracht wird, fordert er die Menschen zum Schweigen auf, denn auf dem Weg ist das Schweigen, womit das angemessene Sprechen gemeint ist, sehr wichtig. Es erlaubt einem auch, eine innere Kenntnis seiner selbst zu erlangen.

Weder Identifikation noch Sentimentalität sondern wahres Mitgefühl

Ein weiterer Aspekt: Wir haben die Gewohnheit, uns mit allem zu identifizieren. Die Menschen sehen im Fernsehen eine Katastrophe in Afrika oder in Asien, und das macht sie unglücklich. So identifizieren wir uns ständig. Wir identifizieren uns mit allem und jedem, mit allem, was uns passiert. Diese Identifikation hindert uns daran, vorwärts zu kommen, denn wir sind nicht mehr wir selbst.

Zuhörer: Aber man kann doch Mitleid haben!

– Das Mitleid ist wie der «heilige oder gerechte Zorn» etwas Aktives. Es beinhaltet eine Handlung für die Veränderung zum Besseren. Alles übrige ist Identifikation, die zu nichts führt. Sie hilft weder dem Leidenden, noch bringt es Sie selbst vorwärts. Es ist eine Art von Sensibilität Mode geworden, die aber nichts weiter ist als Sentimentalität, mit dem Weinenden zu weinen, durch alles tief gerührt sein.

Lesen Sie die Evangelien, und Sie werden sehen, dass dort keine Spur von Sentimentalität zu finden ist. Die Haltung Jesu Christi ist nie sentimental, sondern immer realistisch, er handelt, empfindet wahres Mitgefühl und wahre Nächstenliebe. Wenn gehandelt werden muss, handelt er, statt die Zustände zu beweinen oder die Menschen und die Welt zu bemitleiden. Wir tendieren oft dazu, Dinge zu bemitleiden aber nichts zu unternehmen. Wir beweinen vielmehr die anderen und uns selbst. Jesus Christus ist eher hart: Im Tempel werden die Händler mit der Peitsche verjagt, und die Pharisäer und Sadduzäer werden ständig als Vipern bezeichnet. Er beweint die Lage nicht, wenn sie schlecht ist. Lesen Sie die Evangelien aufmerksam, und Sie werden sehen, dass es diese Gefühlsduselei in Jesus Christus überhaupt nicht gibt, die ihm in einigen sogenannten «christlichen Kreisen» zugeschrieben wird.

Durch künstlerische, philosophische und religiöse Einflüsse: Zugang zu einem inneren Schulungsweg

Einen letzten Punkt möchte ich hier noch erwähnen. Im Leben erfährt der gewöhnliche Mensch alle möglichen Arten von Einflüssen, die man in drei Kategorien zusammenfassen kann. Nennen wir sie die Einflüsse des Typs A, B und C. Die Einflüsse des Typs A sind die Inhalte des gewöhnlichen alltäglichen Lebens: alle unsere kleinen Interessen, unsere materiellen, zeitlichen Interessen, wie beispielsweise gut zu essen, Gegenstände zu besitzen usw. Alle Menschen erfahren Einflüsse dieser Art. Die Einflüsse des Typs B sind künstlerische, philosophische und religiöse Einflüsse. Viele lehnen sie ab. Doch diese Einflüsse haben eine Wirkung im Menschen. Wer diese zweite Art von Einflüssen pflegt, schafft in sich ein Zentrum, so als ob diese Einflüsse irgendwo in einem angesammelt würden und ein Zentrum gebildet hätten. In bestimmten esoterischen Kreisen nennt man es «das magnetische Zentrum». Den Grund werden Sie sofort verstehen, denn dieses Zentrum bewirkt, dass man eines Tages auf ein Mysterienzentrum stößt, besser gesagt von ihm angezogen wird, oder einer esoterischen Schule oder einem Eingeweihten begegnet. Und nur jemand, der diese Art Einflüsse gefördert hat, wird diese Begegnung machen und durch diese Schule oder diesen Eingeweihten Einflüsse des Typs C erhalten können, die es ihm ermöglichen, den Keim seines höheren Ichs zu entwickeln. Diese drei Einflüsse gibt es tatsächlich:

A: materiell
B: intellektuell, künstlerisch, wissenschaftlich,religiös
C: geistig

Vom Gesetz des Karmas zum Gesetz des Willens oder zum Gesetz des Zufalls

Es gibt zwei Gesetze, eines befindet sich oberhalb, das andere unterhalb vom Gesetz des Karmas. Wir haben bereits gesehen, dass es die Möglichkeit gibt, aus dem Karma herauszutreten, das Karma bricht plötzlich ab. Es ist ein Zeitpunkt, ab dem, aus karmischer Sicht, im Leben nichts Wesentliches mehr geschieht. Menschen, die den Geisteskeim in sich nicht pflegen, treten nach und nach im Laufe der Jahre aus dem Einfluss des Karmas aus und sind immer mehr einem anderen Einfluss unterworfen, den man das Gesetz des Zufalls nennt. Dieses Gesetz regiert ebenfalls die Mineralien, Pflanzen- und Tierwelt, jedenfalls auf der Erde.

Wir befinden uns heute an einem Zeitpunkt, an dem sich die meisten Menschen von dem Gesetz des Karmas entfernen, um immer mehr unter dem Einfluss des Zufallsgesetzes zu stehen. Das höchste Element im Menschen, die Essenz, die er von Leben zu Leben mitführt, verliert in ihm mehr und mehr an Bedeutung und wird schließlich verschwinden. Das Gesetz des Zufalls gewinnt in der Menschheit eine immer größere Bedeutung.

Das zweite ist das Gesetz des Willens. Alle, die bemüht sind, einen geistigen Weg zu gehen, entfalten in sich eine neue Dimension. Nach und nach erheben sie sich über das Gesetz des Karmas und stellen sich unter den Einfluss eines anderen Gesetzes, das man das Gesetz des Willens nennt. Sie lösen sich aus diesem ehernen Gesetz und beginnen immer willentlicher ihr eigenes Leben zu bestimmen, ihre eigene Zukunft, und das alles entsprechend der Gedanken, die ich seit einigen Wochen darlege.

Das erklärt auch, dass große Eingeweihte, Bodhisattwas und Meister überhaupt nicht mehr unter dem Einfluss des Karmas stehen, sondern ausschließlich unter diesem anderen universellen Prinzip, welches man das Gesetz des Willens nennt.

Die drei Gesetze:

1. das Gesetz des Zufalls
2. das Gesetz des Schicksals (Karma)
3. das Gesetz des Willens

✧

DIE VERSCHIEDENEN FUNKTIONEN DES MENSCHEN

12.05.92

Verwirklichung einer theoretischen Kenntnis: unmittelbare Beobachtung seiner selbst

Einer der Gründe, warum wir hier sind, ist, dass wir uns für die Kenntnis unserer selbst, der Welt oder der Welten interessieren. Die Kenntnis seiner selbst beginnt mit der theoretischen Forschung nach dem, was wir sind und nach allem, was in uns abläuft. Diese theoretische Forschung muss notwendigerweise, wenn sie folgerichtig sein will, zu einer praktischen Anwendung führen, die der Selbstbeobachtung entspricht.

Diese Beobachtung beginnt, wenn man sich der Tätigkeiten der verschiedenen Funktionen in sich bewusst wird. Die Forschung wird erst dann ernsthaft, wenn Sie die Stufe der abstrakten, theoretischen Kenntnis hinter sich lassen, um zur Anwendung überzugehen, zur Beobachtung Ihrer selbst und der Erkenntnis, wie Ihr inneres Wesen funktioniert.

Das erlaubt Ihnen einerseits zu prüfen, ob das, was ich erzähle, der Wahrheit entspricht. Andererseits erlaubt es Ihnen, auf dem Weg vorwärts zu kommen.

Die verschiedenen Bewusstseinszustände (zur Erinnerung)

Bevor wir mit der Erforschung der Funktionen des Menschen beginnen, werde ich eine kurze Wiederholung der verschiedenen Bewusstseinszustände machen, so wie wir sie heute erkennen können.

1. Schlaf: Zustand fast vollständigen Unbewusstseins.
2. Wachzustand: Wir sind im Allgemeinen halb eingeschlafen, halb unbewusst.
3. Bewusstsein: Wir sind uns wirklich unserer selbst bewusst und all dessen, was uns umgibt.
4. Objektives Bewusstsein: Wir sind uns unserer selbst bewusst und aller Energien, die sich in uns und um uns herum befinden.

Die meisten Menschen kennen nur die zwei niederen Bewusstseinszustände: Den Schlaf und den Wachzustand, den letzteren in verschiedenen Stufen. Manchmal erleben sie kurze Momente völligen Bewusstseins, oft zu außerordentlichen Gelegenheiten, beispielsweise bei starken Emotionen oder in der Meditation oder Selbsterinnerung.

Die sieben Funktionen des Menschen

Die Funktionen entsprechen dem, was ich vorher die verschiedenen Zentren des Menschen genannt habe. Es sind die sieben folgenden:

1. intellektuelle Funktion
2. emotionale Funktion
3. instinktive Funktion
4 motorische Funktion
5. sexuelle Funktion
6. höhere emotionale Funktion
7. höhere intellektuelle Funktion

Zuallererst werden wir die vier ersten Funktionen untersuchen. Die sexuelle Funktion wird später behandelt, weil sie, entgegen zur irrtümlichen Behauptung mancher modernen psychologischen und psychoanalytischen Theorien, erst später in der menschlichen Entwicklung erscheint und auch erst dann, wenn die vier ersten Funktionen schon in der menschlichen Natur integriert sind. Diese sexuelle Funktion kann erst dann einwandfrei untersucht werden, wenn die anderen richtig verstanden sind. Dazu muss man wissen, dass man bei der Selbsterforschung nur dann wirklich vorwärts kommen kann, wenn die Gesamtheit dieser Funktionen in Einklang gebracht ist, besonders wenn keine ernsthafte sexuelle Anomalie besteht. Diese Probleme müssen gelöst werden, bevor die Selbsterforschung möglich wird.

Die intellektuelle Funktion

Sie entspricht dem Bewusstsein der äußeren Wahrnehmungen, wenn wir uns ihrer wirklich bewusst werden. Dies sind die Bildung der Gedanken, Vorstellungen, Konzepte, Ideen, der logischen Überlegungen, der Bejahung oder Verneinung einer Sache, weiterhin die Vergleiche, alle Arten von Phantasie, Vorstellungskraft, Phantastereien und die Sprache.

Frage: Entspricht sie auch dem Gedächtnis?

– Das Gedächtnis gibt es auf allen Ebenen, es gehört nicht nur der intellektuellen Funktion an, sondern besteht auch auf dem Niveau der beiden höheren Zentren (emotional und intellektuell). Diese zwei höheren Funktionen erreicht man erst dann, wenn man sich im objektiven Bewusstsein befindet, wenn man eine gewisse Schwelle überschritten hat.

Die Funktion der Gefühle

Alle Gefühle wie beispielsweise die Liebe, der Hass, Angst bzw. Ängstlichkeit, Freude, Leid, Traurigkeit, Sorgen, Bewunderung, Erstaunen... befinden sich im Rahmen dieser Funktion.

Die instinktive Funktion, die verschiedenen Sinne

Die instinktive Funktion besitzen wir von Geburt an, im Gegensatz zur motorischen Funktion, die erworben werden muss. Die instinktive Funktion umfasst drei grundsätzliche Äußerungen:

- *Die Physiologie*: Sie entspricht der inneren Arbeit des Organismus: Blutkreislauf, Atmung, Verdauung, Stoffwechsel, Arbeit der Zellen und der Drüsen.
- *Die Sinne*: Zu den fünf Sinnen (Hören, Sehen, Riechen, Tasten und Schmecken) kommen noch der «Wärmesinn» und der «Lebenssinn» hinzu.
- *Die Reflexe*.

Der Wärmesinn ist nicht mit dem Tastsinn zu vergleichen, er enthält eine andere Eigenschaft, diejenige der Wärme und der Kälte.

Der Lebenssinn ermöglicht uns, unseren eigenen Gesundheitszustand wahrzunehmen. Wenn wir in Form sind, ist er eine angenehme Empfindung, wenn wir krank sind, nehmen wir Unzufriedenheit und Schmerz wahr. Er zeigt uns auch die Müdigkeit an, wenn es Zeit ist, schlafen zu gehen. Sieben Sinne gehören also zur instinktiven Funktion.

Drei weitere – der Sinn des «Ichs», des Denkens und der Sprache – gehören der intellektuellen Funktion an. Der Ich-Sinn befähigt den Menschen, das Ich der anderen wahrzunehmen.

Um die menschliche Stimme von anderen Geräuschen zu unterscheiden, um sie als Sprache zu erkennen, genügt der Gehörsinn nicht. Dazu braucht man einen Sinn, den das Tier nicht besitzt: den Sprachsinn. Ohne diesen Sinn wäre alles nur Geräusch oder Musik. Der Gedankensinn ist notwendig, damit der Gedanke in den Wörtern wahrgenommen werden kann, die sonst nur eine Aneinanderreihung von Worten ohne Sinn wären.

Obwohl sie nicht vom gewöhnlichen menschlichen Bewusstsein wahrgenommen werden können, bestehen diese Sinne genauso wirklich wie die fünf herkömmlichen Sinne. Durch das Ausüben der Selbstbeobachtung wird man sich nach und nach ihrer Existenz bewusst und dann auch fähig, sie besser zu benutzen.

Schließlich gehören zwei weitere Sinne der motorischen Funktion an: Der Gleichgewichtssinn ermöglicht uns, unsere Position im Raum wahrzunehmen. Der Bewegungssinn lässt uns dank der Tätigkeit unserer Muskeln und Gliedmaßen erkennen, ob wir in Bewegung oder in Ruhe sind. Diese Sinne sind nicht angeboren: das Gleichgewicht beispielsweise erlernt man niemals, wenn es nicht in sehr jungem Alter erworben wird.

Die Reflexe sind die dritte Äußerung der instinktiven Funktion. Sie enthalten zugleich sehr einfache Reflexe, wie beispielsweise den Kniescheibenreflex oder viel kompliziertere, wie das Gähnen oder das Lachen. Zu diesem Bereich der instinktiven Funktion kann man noch alle Arten von innerem Gedächtnis hinzufügen, die den Sinnen entsprechen, wie beispielsweise das Gedächtnis des Geschmacks, der Gerüche, des Schmerzes usw.

Die andere Gedächtnisform ist eine Rekonstruktion durch das intellektuelle Zentrum, während hier die Dinge empfunden werden und nicht durch die Intelligenz wieder rekonstruiert werden müssen.

Um die Sinne zu studieren, müssen wir die verschiedenen Funktionen trennen, aber es versteht sich von selbst, dass sie im Leben vermischt sind: Normalerweise gehen Sie von einer Funktion zur anderen über und befinden sich nur selten in einer einzigen Funktion: Einige Personen müssen spazieren gehen, um klar nachdenken zu können, andere setzen sich lieber in Ruhe irgendwo hin.

Die motorische Funktion
Störende Elemente: nächtliche Träume, Tagträume
Ein Energieverlust

Die instinktive Funktion entspricht den inneren Bewegungen; die vierte, die Bewegungsfunktion, entspricht ihrerseits den äußeren Bewegungen, wie gehen, schreiben, sprechen, essen. Diese Funktion ist dem Menschen nicht angeboren, sie muss erlernt werden. Um gehen und sprechen zu lernen, muss das Kind andere Menschen gehen, sehen und sprechen hören, und es ist nicht sicher, dass ein Kind, dem das Essen nicht beigebracht wurde, fähig wäre, es alleine zu lernen.

Frage: Und was ist mit dem Nuckeln?

– Das ist ein Reflex. Essen hingegen muss erlernt werden. Manche Bewegungen, die man als Reflex einstuft, sind in Wirklichkeit motorisch. Einen Gegenstand wieder auffangen, den man fallen gelassen hat, gehört zu den erlernten motorischen Funktionen: Daher sind die einen geschickter darin als die anderen.

In diese Funktion der Bewegung schleichen sich störende Elemente ein, die uns um einen großen Teil unserer Energie bringen, zu ihnen gehören die nächtlichen Träume und die Tagträumereien, während derer wir unsere Vorstellungskraft umherirren lassen. Diese Energie fehlt uns dann später, um uns unserer selbst bewusst zu sein. Eine andere Störung dieser motorischen Funktionen, die uns um eine Menge Energie bringt, ist das Reden um des Redens Willen, die Lieblingsbeschäftigung der Schwätzer.

Das Heilmittel: sich seiner selbst bewusst sein

Je mehr man sich seiner selbst bewusst wird, desto mehr harmonisieren sich die nächtlichen Träume, um schließlich ganz zu verschwinden. Nur diejenigen haben Träume, die im Schlaf und im Wachzustand ohne wirkliches Bewusstsein leben. Die Wissenschaft wird sagen, dass jeder Mensch träumt. Sie hat jedoch vergessen, die Menschen zu erforschen, die die Schwelle der Einweihung überschritten haben und sich fast ständig im objektiven Bewusstsein befinden. Diese Menschen träumen nicht mehr, weil sie das Träumen nicht mehr brauchen. Je mehr man in diesen Bewusstseinszustand eintritt, desto weniger träumt man und desto mehr beherrscht man sich. Eine andere Möglichkeit dahin zu gelangen, ist das Erforschen der Träume, das Bewusstsein der Träume.

Für Sie ist das Träumen im Moment eine Möglichkeit, zu verstehen oder zu kompensieren. Wenn Sie das Bewusstsein Ihrer selbst erreicht haben, dann brauchen Sie es nicht mehr, weder um Ihr jetziges Leben oder Ihre vorangegangenen Leben zu kompensieren, noch um von einem zukünftigen Ereignis im Voraus Kenntnis zu erlangen, denn Sie haben die Möglichkeit erlangt, dies alles bewusst zu tun.

Frage: Träumen die Heiligen noch?

– Im Allgemeinen sind die Heiligen weder Weise noch Eingeweihte. Wenn es sich jedoch um Eingeweihte handelt, machen die heiligen Schriften keinen Unterschied zwischen Träumen und nächtlichen Begegnungen. Wenn ein Prophet des alten Testamentes während des nächtlichen Schlafes einem Engel begegnet, so geschieht dies nicht im Traum, sondern in vollem Bewusstsein. Die Bibelstelle wird jedoch von Träumen berichten, denn wie soll man jemandem diese Dinge beschreiben, der keine Kenntnis davon hat?

Im Gegensatz jedoch zu den Träumen eines normalen Menschen wird die geistige Forschung oder der nächtliche Bewusstseinszustand eines Eingeweihten willentlich durchgeführt. Dann leiten Sie die Dinge selbst. Jemand, der einem geistigen Weg folgt, erreicht nach einer bestimmten Zeit diesen Zustand. Alle harmonischen oder unharmonischen Träume, selbst diejenigen, an die sie sich gar nicht erinnern, sind schließlich ein Energieverlust, Energie die dem Bewusstsein verloren geht.

Solange Sie sich im schlafenden Wachzustand befinden, solange Sie nicht selbst erwacht sind, ist das alles normal. Aber das ist sehr unvollkommen. All diese Zustände bestehen in Ihnen, weil Sie sich in dem Zustand befinden, in dem die Natur Sie gelassen hat. Sie sind noch nicht voran gekommen, Sie haben dem noch nichts hinzugefügt, womit die Natur Sie ausgestattet hat. Von dem Moment an, ab dem Sie wirklich auf einem inneren Weg vorwärts gehen, fangen Sie an, das alles zu überwinden, dann gibt es kein Unbewusstsein mehr, auch nicht im Schlaf. Die Aufgabe, die der Traum zu erfüllen hatte, ist durch etwas anderes ersetzt, man braucht ihn nicht mehr.

Die störenden Elemente: das Unkontrollierbare und das Unkontrollierte

Die motorische Funktion ist ebenso durch das Unkontrollierbare, beispielsweise die nächtlichen Träume, wie auch durch das Unkontrollierte gestört: träumerische Phantasie, eine Flut von Wörtern ohne Sinn, alle Umstände, um Ihrem Bewusstsein zu entfliehen – singen, während man etwas anderes tut – auch alle unnötigen Bewegungen. Jedoch ist die Bewegung als Ausdrucksmittel berechtigt, um mit den anderen in Kontakt zu kommen, beispielsweise die Gesten, die ich mache, während ich spreche.

Die praktische Anwendung: die Selbstbeobachtung

Diese vier Funktionen müssen von denjenigen untersucht und verstanden sein, die wirklich auf einem inneren Weg vorwärtskommen wollen. Dies ist der erste Schritt. Danach beobachten wir sie in uns und bemerken, dass wir wirklich so funktionieren. Wissen Sie, hier wird die wirkliche Kenntnis seiner selbst, die wirkliche Kenntnis des Menschen angewandt. Sie können 50 Bücher über Psychologie lesen. Sie erfahren nicht mehr über sich selbst, wenn Sie die Dinge nicht an sich beobachten. Die Erforschung seiner selbst ist der Anfang der Selbsterkenntnis.

Es geht also darum, sich zu beobachten. Es gibt Methoden, um sich darin zu üben. Wir sind alle auf einer Entwicklungsstufe, auf der wir eine bestimmte Methode oder einen Kniff benötigen. Wenn wir uns selbst beobachten, uns in der Selbsterinnerung befinden, befragen wir uns, in welchem Bewusstseinzustand wir sind. Sie wissen, dass Sie sehr oft schlafen und träumen. Sie beobachten sich, während Sie im sogenannten Wachzustand träumen. Es wird der Tag kommen, an dem Sie in eine andere Art Bewusstsein eintreten werden, dann wird der Schlaf voll bewusst. In dem Moment gibt es eine Verschmelzung zwischen allen Bewusstseinszuständen.

Beobachten Sie den Bewusstseinszustand, in dem Sie sich befinden – Schlaf, Wachzustand, totales Bewusstsein seiner selbst – das objektive Bewusstsein können Sie erst einmal außer Acht lassen. Von Zeit zu Zeit werden Sie Bewusstseinsmomente erleben, und je mehr Sie die Übung praktizieren, desto leichter werden Sie diese erreichen. Gleichzeitig muss man sich die Frage stellen: In welcher Funktion befinde ich mich? In der intellektuellen Funktion? In einem Gefühl? Oder in einer instinktiven Funktion oder motorischen Handlung? Zunächst handelt es sich bei dieser Selbsterinnerung um eine intellektuelle Funktion: Ein Teil seiner selbst, das intellektuelle Zentrum, beobachtet die anderen. Es ist eine schlechte Beobachtung seiner selbst, denn man muss erreichen, sich in seiner Ganzheit zu beobachten. Die wirkliche Selbstbeobachtung ist nicht diese Beobachtung von einem Zentrum durch ein anderes. Sie ist von einer anderen Qualität. Zu diesem Zeitpunkt befindet man sich nicht mehr in der intellektuellen Funktion, man ist dann in keiner Funktion mehr. Man befindet sich dann im totalen Bewusstsein seiner selbst. In Wirklichkeit fängt da ein anderer Sinn an zu bestehen. Man tritt aus den gewöhnlichen Funktionen heraus, und es gibt etwas Höheres in einem, welches das Übrige betrachtet.

Jemand, der diesen Zustand nicht erlebt hat, kann nicht wissen, worum es sich handelt, er kann nur anfangen, diese Tipps zu befolgen, und eines Tages wird er ihn kennen lernen.

Die einfachste Weise anzufangen besteht darin, sich zu empfinden, sich durch die Sinne zu spüren, ohne das in Worte zu fassen. Man wird sich einer Sache bewusst, man kann sich beispielsweise darüber klar werden, dass einem zu warm oder zu kalt ist, man kann den Druck der Stuhllehne am Rücken empfinden, sich sprechen hören usw. Ich bin gezwungen, mich in Worten auszudrücken, zu intellektualisieren, aber derjenige, der das befolgt, nimmt es ohne Umweg wahr, ohne großartig darüber nachzudenken.

✧

DIE FUNKTIONSGESCHWINDIGKEIT DER VERSCHIEDENEN ZENTREN

26.05.99

Die Lokalisierung der verschiedenen Zentren im Menschen

Von einem gewissen Standpunkt aus kann man diese verschiedenen Zentren, die es im Menschen gibt, physisch lokalisieren:

- Das intellektuelle Zentrum befindet sich im Kopf.
- Das emotionale Zentrum befindet sich im mittleren Teil des menschlichen Körpers, in der Höhe des Brustkorbs.
- Das Zentrum der Bewegung und des Instinkts – es handelt sich um zwei verschiedene Zentren, die wir zunächst zusammenfassen – befindet sich im Bauch und im unteren Teil des Rückens.

Eigentlich befindet sich aber jedes Zentrum in allen Teilen des Körpers, und man lokalisiert gewissermaßen nur ihr Epizentrum, den Punkt, von dem aus sie wirken. Man sollte eher sagen, dass das intellektuelle, emotionale, instinktive sowie das Bewegungszentrum jeweils von dem Gehirn, dem Solar Plexus und dem Rückenmark aus auf den Organismus wirkt.

Diejenigen, die versuchen sich zu verstehen, die an sich selbst arbeiten, um sich zu erkennen, indem sie beispielsweise Methoden wie die Meditation oder die Selbsterinnerung praktizieren, werden nach und nach diese Zentren entdecken und sich ihrer Funktion bewusst werden.

Die Funktionen des Intellekts, der Gefühle, der Bewegung und des Instinkts beginnen immer im entsprechenden Zentrum, außer – und wir werden sehen, dass es oft der Fall ist – wenn die Zentren nicht gemäß der Funktion arbeiten, für die sie gemacht sind. Wenn das emotionale Zentrum sich in den intellektuellen oder physiologischen Bereich einmischt, befindet es sich dort, wo es nicht sein sollte. Das ist die Ursache unserer inneren Unruhe, unseres Unwohlseins, der Krankheiten und auch der Beziehungsprobleme.

Die Funktionsgeschwindigkeiten dieser Zentren: große Unterschiede

Ein wesentlicher Unterschied in den Funktionsweisen dieser verschiedenen Zentren ist ihre jeweilige Geschwindigkeit. Was ich jetzt erzählen werde, mag manchen Menschen banal erscheinen, jedoch ist es vielleicht für diejenigen weniger banal, die noch staunen können. Es handelt sich um einen äußerst wichtigen Aspekt, den die moderne Physiologie und Psychologie allerdings nie richtig verstanden haben, sogar niemals ernsthaft untersucht haben. Man kann es selbst beobachten, sobald man beginnt, es in sich wahrzunehmen: Dann sieht man, wie der Prozess beginnt und sich dann im Organismus fortsetzt. Welches ist Ihrer Meinung nach das am schnellsten funktionierende Zentrum? Das Zentrum des Instinkts, der Bewegung, der Gefühle oder des Intellekts?

Das schnellste ist das emotionale, dann kommen die Zentren des Instinkts und der Bewegung, und das langsamste ist das intellektuelle Zentrum. Der Unterschied ist enorm. Es liegen Welten zwischen den Funktionsgeschwindigkeiten der einzelnen Zentren.

Die Zahlen darüber sind den geistigen Forschern, den esoterischen Schulen, den Schulen des Vierten Weges oder den Mysterienschulen bekannt. Diese Zahlen sind nicht aufs

Geratewohl entstanden, sie gehören zu den kosmischen Zahlen, den kosmischen Grundsätzen, die man in Zahlen und in Klängen ausdrücken kann, es sind universelle Grundsätze, die auch in uns bestehen.

Bevor wir theoretisch fortfahren, werden wir versuchen, diesen Ansatz konkret zu verstehen. Ein Beispiel: Sie fahren Auto, Sie sind in der Stadt, Sie haben es eilig: Sie müssen die Pedale mit den Füßen bedienen, gleichzeitig das Steuer drehen, den Blinker einschalten, nach rechts und links schauen. Dies alles geschieht durch das Bewegungszentrum, das diese Fähigkeit besitzt und aufgrund der Kenntnis all dieser Bewegungen automatisch funktioniert.

Jetzt stellen Sie sich vor, Sie müssten das alles mit Ihrem intellektuellen Zentrum machen: Die Pedale bedienen, das Steuer drehen, den Blinker einschalten, nach rechts und links schauen, an all diese Handlungen denken, was würde da herauskommen? Zuerst würden Sie die Geschwindigkeit vermindern, Sie würden praktisch nicht vorankommen, und Sie würden so durcheinander gebracht sein, dass Sie Gefahr laufen würden, einen Unfall zu verursachen – nicht weil Sie zu schnell, sondern zu langsam fahren würden. Dieses Beispiel erlaubt Ihnen, den Unterschied der Funktionsgeschwindigkeit zwischen diesen Zentren wahrzunehmen. So ist es mit all den Aktivitäten, in denen eine Koordination der Bewegungen notwendig ist.

Es gibt eine Zahl, die diesem Unterschied der Funktionsgeschwindigkeit entspricht – eine kosmische, eine biologische Zahl – 30.000: Das Bewegungszentrum funktioniert 30.000 mal schneller als das intellektuelle Zentrum, und das emotionale Zentrum funktioniert noch 30.000 mal schneller als das Zentrum der Instinkte und Bewegungen. Das bedeutet, dass der emotionale Vorgang 30.000 x 30.000 mal schneller ist als der Vorgang des Denkens.

Eine gestörte Funktion, keines der Zentren funktioniert weder an seinem richtigen Platz noch in seiner richtigen Geschwindigkeit

Es würde alles gut gehen, wenn jedes Zentrum in seiner eigenen Geschwindigkeit funktionieren würde. Aber in Wirklichkeit arbeitet das emotionale Zentrum normalerweise nicht in seiner eigenen Geschwindigkeit. Wir sind alle derartig emotional verzogen, derartig konditioniert und emotional verdreht worden, dass das emotionale Zentrum nicht an seinem richtigen Platz funktioniert, sondern ungefähr mit der Geschwindigkeit des Zentrums der Bewegungen und Instinkte, also langsamer. Daher sind wir für viele Albernheiten außerordentlich ampfänglich, und so wenig sensibel für wahre Emotionen, wahre Gefühle und für alles, was aus höheren Welten stammt.

Wir funktionieren wie schlecht gewartete Maschinen. Wir werden sehen, dass eine der Arbeiten an sich selbst darin besteht, jedes Zentrum an seinen entsprechenden Platz zu stellen und ihm zu ermöglichen, seine für die jeweilige Funktion normale Geschwindigkeit wiederzufinden. Dann werden wir wieder normale Menschen, und wir fangen ab diesem Moment sogar an, ein wenig außergewöhnliche Menschen zu werden, d.h. Menschen, die beginnen, von einem niederen Bewusstsein zu einem anderen höheren zu gelangen.

Es gibt in diesen Funktionsgeschwindigkeiten innerhalb eines Organismus etwas wirklich Bewundernswertes – und wenn man anfängt, diese Tatsache zu verstehen, sowohl intellektuell als auch emotional, ist man notwendigerweise erstaunt. Es gibt manche Menschen, die nicht erstaunt sind. Im Allgemeinen sind es diejenigen, die sich so wenig selbst beobachten, dass sie über nichts mehr staunen können. Auf jeden Fall ist es ein wirklich erstaunliches Phänomen, das uns einen Begriff der Zeit verstehen lässt, den wir schon das eine oder andere Mal angesprochen haben.

Verschiedene Zeiten

Wer von Geschwindigkeit spricht, spricht von Zeit. Nun wissen wir, dass es verschiedene Zeiten gibt: die planetarische oder biologische Zeit, die der sichtbaren Bewegung der Sonne am Himmel entspricht und die wir im Rhythmus der Jahreszeiten erleben, es ist die objektive Zeit, die mechanische Zeit der Planetenbewegung, die von der Uhr gemessen wird. Und dann gibt es die Zeit, die wir innerlich erleben: Wenn wir für etwas leidenschaftlich schwärmen, haben wir den Eindruck, dass die Zeit sehr schnell vergeht. Im Gegenteil dazu vergeht die Zeit überhaupt nicht, wenn wir uns langweilen. Dieselbe Stunde mit Leidenschaft oder mit Langeweile erlebt, erscheint wie einige Minuten oder wie ein ganzer Tag. Das sind schon zwei verschiedene Zeiten.

Eine wechselseitige Einwirkung der Funktionsgeschwindigkeit der Zentren

Es gibt Fälle, in denen man eine regelrechte Beschleunigung der Zeit beobachten kann. Wir haben in uns eine Art biologische Uhr, und wir altern im Rhythmus der Zeit, die vergeht. Vor einigen Tagen hatte mich Roland während eines Vortrags gefilmt, und als wir den Film gezeigt haben, bekam ich einen Schreck. Wissen Sie, ich habe immer noch den Eindruck, 16 zu sein und als ich mich auf dem Bildschirm sah – ich hatte meine Brille abgenommen, die Brille verjüngt ein wenig – sagte ich zu mir: «Er ist 40 Jahre alt.» Und da bemerkte ich, dass die Zeit seit 20 Jahren tatsächlich vergangen war.

Eine andere Geschichte: Es war voriges Jahr. Ich kehrte mit dem Zug von Straßburg zurück, und in meinem Abteil erkannte ich jemanden, der vor mehr als 20 Jahren mit mir das französische Abitur gemacht hat. Noch ein Schock! Ich hatte ihn seither nicht mehr gesehen und dachte: «Ist der alt geworden!» Ich hatte ihn wenigstens noch erkannt, er mich aber nicht! Ich dachte: «Das ist nicht möglich, ich kann doch nicht so alt aussehen.» Und er war noch viel attraktiver als ich! Im Zug sollte ich eine Freundin treffen, die ich abholte. Ich bat sie darum, in dieses Abteil zu gehen und sich diesen Mann anzusehen, sie tat es. Als ich sie nachher fragte, wie alt sie ihn schätze, sagte sie: «Ungefähr so alt wie du.» So bemerkt man, dass man mit den Jahren tatsächlich ein wenig älter wird. Das bedeutet auch, dass die Menschen mich nicht mehr wie einen Jungen von 16 Jahren ansehen. Doch dies ist gut so, es gibt eine gewisse Beruhigung im Leben.

Kehren wir zurück zur Zeit. Es gibt die zeitlich bedingte Art zu altern. Es kommt aber manchmal vor, dass man plötzlich viel schneller altert. Sie haben bestimmt schon einmal von diesen Menschen gehört, die nach einem Schrecken in einer Nacht schneeweiße Haare bekommen haben. Was geht da vor sich? Sehen Sie, unser physischer Körper altert mit einer bestimmten Geschwindigkeit, die ihren eigenen Rhythmus besitzt und die der normalen Funktionsgeschwindigkeit des instinktiven Zentrums entspricht, das unsere Physiologie bestimmt. Nun kann es vorkommen, dass diese Geschwindigkeit durch das Eindringen des emotionalen Zentrums in einen Teil des Körpers beschleunigt wird, ihm sozusagen seine Geschwindigkeit aufzwingt und den Alterungsprozess beschleunigt. Man kann diese Geheimnisse der Physiologie nur dank des Wissens wirklich verstehen, das aus den Mysterienschulen stammt. Der Prozess ist derselbe für die meisten Krankheiten, vor allem für die Herzinfarkte: Sie entsprechen einem beschleunigten Altern eines Körperteils, weil dort Prozesse des emotionalen Zentrums eingedrungen sind, die die physiologischen Prozesse beschleunigen.

Frage: Ist der umgekehrte Prozess möglich?

– Wissen Sie, ich habe Ihnen eben zwei Anekdoten erzählt. Aber es gibt noch andere genauso interessante: Wenn Menschen, die mich seit zehn oder 15 Jahren kennen, und die mich schon fünf oder sechs Jahre nicht mehr gesehen haben, zu mir kommen, sagen sie mir oft, dass ich jünger aussehe, als vor zehn oder 15 Jahren. Es ist klar, dass wenn in einem Organ ein

Phänomen höherer Geschwindigkeit einwirkt und dadurch das Altern beschleunigt werden kann, so kann es auch einen umgekehrten Prozess erzeugen.

Und wir werden später sehen, dass dieses auf jeden Fall bei all denjenigen anfängt sich zu äußern, die sich auf einem Weg befinden, der von dem gewöhnlichen zum höheren Bewusstsein führt. Es gibt wirklich eine Art Verjüngungsprozess, der sich auf allen Stufen bemerkbar macht. Dies erklärt, warum ältere Menschen, die sich auf einem Weg entwickelt haben, zwar weiße Haare bekommen, aber oft ein jugendliches Aussehen behalten und körperlich beweglich bleiben.

Es ist wirklich möglich, diese Funktionsgeschwindigkeiten von einem Zentrum auf ein anderes zu lenken, von einem Teil des Körpers auf einen anderen. Das ist eine Erklärung über das erstaunliche Alter, das der Graf von St. Germain erreicht hat, und die Schwierigkeiten, die man hatte, während seines Lebens sein Alter zu schätzen. Einerseits hatte er eine Kenntnis von diesen Dingen, andererseits war eine seiner Aufgaben an die Zeit gebunden. Die Eingeweihten, Meister und Bodhisattwas werden übrigens die «Meister der Zeit» genannt, da sie die Geheimnisse der Zeit kennen.

Das Funktionieren unseres Organismus: eine Zeit, die 30.000 mal langsamer verläuft, als die normale Zeit

Fassen wir zusammen: Das Bezugssystem ist die Zeit, die wir gewöhnlich als die unsrige betrachten. Jedes Zentrum lebt also gemäß einer anderen Zeit, jedes besitzt eine andere Zeit. Das Bewegungszentrum oder das instinktive Zentrum besitzt eine Zeit, die 30.000 mal langsamer verläuft als die des intellektuellen Zentrums, und die Zeit des emotionalen Zentrums verläuft noch 30.000 mal langsamer als die Zeit des Bewegungszentrums. Das Ergebnis ist, dass ein Zentrum mehr Zeit braucht als ein anderes, um dieselbe Arbeit zu leisten.

Die Kenntnis der Geschwindigkeit der Zentren macht eine bestimmte Anzahl von Phänomenen verständlich, die sonst ganz und gar unerklärbar bleiben würden.

Was passiert, wenn man ein Glas Alkohol trinkt? Weiß es der eine oder andere unter Ihnen noch? Sie empfinden zuerst ein Wärmegefühl. Der Alkohol geht nicht sofort ins Blut, der Prozess des Wärmegefühls beginnt jedoch sofort – in Bruchteilen von Sekunden – und es ist sehr oft von einem Gefühl der Entspannung begleitet. Für manche ist dies der Grund zu trinken, auch um die Ängstlichkeit zu vertreiben. Sofort tritt ein Gefühl der Erleichterung ein, es ist fast ein Gefühl von Frieden und Wohlbefinden. Es kommt bei manchen Menschen auch vor, dass im Gegenteil Ängstlichkeit, Aufregung oder gar eine sofortige Nervosität ausgelöst wird. Dies bedeutet, dass der Organismus sehr rasch auf eine solche Stimulation reagiert, wie auf die meisten Stimulationen. Erinnern Sie sich an eine Situation, in der Sie sehr großen Durst hatten. Sie waren innerlich und sogar äußerlich ausgetrocknet: Das erste Glas Wasser war für Sie wie ein wirkliches Bad. Oder ein großer Hunger: Schon beim ersten Bissen fingen Sie an gesättigt zu sein, weil der Organismus in solchen Fällen sehr rasch auf die Stimulation reagiert. Das sind wirklich erstaunliche Dinge, aber wir sind nur noch so wenig in der Lage uns zu wundern. Wir sind an das Funktionieren unseres Organismus so gewohnt, dass wir es gar nicht mehr bemerken, selbst die Wissenschaft gibt keine Erklärung darüber. Die Physiologie weiß, dass ab dem Moment, an dem eine Nahrung die Schleimhaut des Mundes berührt und zum Magen hinunterwandert, eine Menge physiologischer Prozesse in Gang kommen, um die Nahrungsanalyse auf ganz komplexe Art und Weise zu bewältigen. Um all diese Analysen in einem Laboratorium zu machen, bräuchte man ca. acht Stunden. Der Organismus braucht dazu nur wenige Bruchteile von Sekunden. Was in uns vor sich geht ist eben wunderbar, und wir fangen an, es zu verstehen, wenn wir uns klarmachen, dass unser physiologisches, instinktives Zentrum eine Zeit besitzt, deren Dauer 30.000 mal länger ist als die Zeit, mit der wir gewöhnlich messen. Die Sekunde, die unser instinktives Zentrum braucht, um die Analyse zu machen, entspricht also in der normalen Zeit acht Stunden, und in acht Stunden kann man allerlei machen, ohne sich zu beeilen.

Die Geschwindigkeit: eine konkrete Wirklichkeit jenseits des Relativitätsgesetzes

Tatsächlich ist die Schnelligkeit allein, im Gegensatz zur Zeit und zum Raum, eine konkrete Realität, weil sie der Welt der Energien angehört. Aber um dies zu verstehen, muss man vor allem das sogenannte Relativitätsgesetz verstehen, das von Einstein in der Theorie entwickelt wurde. In Wirklichkeit ist es ein relatives und kein absolutes Gesetz, wie einige Physiker es meinten, und man muss es überschreiten, wenn man es einmal verstanden hat, um tatsächlich zu begreifen, dass die Geschwindigkeit eine Wirklichkeit ist.

Wenn Sie die Unterrichtung, die an den Vierten Weg gebunden ist, lange genug befolgen, werden Sie eines Tages verstehen, worum es sich handelt, und die Anwendung dieser Unterrichtung sowohl im Bereich der Physik als auch in der Chemie, sowohl in der geistigen als auch in der physiologischen Entwicklung des Menschen entdecken. Und Sie werden auch verstehen, dass die Eigenschaften, die man den Taoisten im früheren China zuschrieb, nämlich 100, 200, 300 oder 1000 Jahre zu leben, mit der Kenntnis dieses Relativitätsprinzips und darüber hinaus mit dem Prinzip der Geschwindigkeit zusammenhängen.

Man muss den Sinn der Unterrichtung verstehen, so wie ich ihn jetzt darlege. Wenn wir das Fundament der Unterrichtung geschaffen haben, werden wir andere Kenntnisse hinzufügen, einige davon werden neu, andere älter sein. Wir werden sehen, dass dadurch alles von der Theorie zur Kenntnis übergeht und damit für uns zu einer wahren Kenntnis wird, auf jeden Fall für diejenigen, die versuchen, die Kenntnisse nicht nur zu besitzen, sondern sie auch anzuwenden, um sie wirklich zu verstehen.

DIE SCHULEN DES VIERTEN WEGES: VERSTEHEN OHNE ZUGESTÄNDNISSE UND OHNE AUSREDEN

26.05.92

Drei Kategorien von Schulen

In den Einweihungs- und Mysterienschulen sowie in den esoterischen Schulen gibt es drei Arten von Lehren oder drei Kategorien von Schulen.

Zur ersten Kategorie gehören die Schulen, in denen der Unterricht von einem Ausbilder erteilt wird, dessen Wissen und Sein das der Zuhörer übertrifft. Dies bedeutet einerseits, dass diese Ausbilder ein größeres Wissen und Verständnis haben und andererseits, dass sie ein höheres Bewusstsein in sich tragen, das es Ihnen erlaubt, Zugang zu einer Kenntnis zu haben, die von einer anderen Natur ist als die, die für das normale Bewusstsein erreichbar ist. Sie verfügen über Wissen, Energie, Kraft und Technik, welche die des gewöhnlichen Menschen übertreffen.

Die zweite Kategorie ist die, in der ein Ausbilder unterrichtet, bei dem nur das Wissen größer ist als das der Zuhörer, und dessen Bewusstsein nur wenig oder überhaupt nicht das der Zuhörer übertrifft. In der dritten Kategorie gibt es keinerlei Ausbilder. Es gibt nur Schüler, die zusammen arbeiten.

Die Schulen des Vierten Weges: eine Praxis ohne Kompromisse, Zugeständnisse oder Ausreden

Die Schulen der ersten Kategorie sind immer Schulen des Vierten Weges, es sind die schwierigsten. Es ist nur möglich einer solchen Schule anzugehören, wenn man sich ständig die Prinzipien der inneren Arbeit vor Augen hält und sich bemüht, sie so genau wie möglich zu befolgen. Tut man dies nicht, befindet man sich notwendigerweise außerhalb dieser Schule. In einer Schule des Vierten Weges kann es verschiedene Arten von Schülern oder Zuhörern geben. Heute Abend sind Personen hier, die der Unterrichtung der Einführung zum Vierten Weg zuhören, einige versuchen zu verstehen, was ich sage, aber es gelingt ihnen nicht, andere wiederum verstehen. Wieder andere verstehen und versuchen es zu verwirklichen, ohne es zu schaffen. Einige schließlich verstehen und schaffen es, die Unterrichtung zu verwirklichen. Also gibt es vier Arten von Schülern. Die wahren Zuhörer des Vierten Weges sind diejenigen, die versuchen zu verstehen, die verstehen und versuchen es zu verwirklichen – und eines Tages schließlich das Ziel erreichen.

Die Schule der zweiten Kategorie – es handelt sich in Wirklichkeit nicht um das, was ich vorhin als zweite Kategorie beschrieben habe, weil sie sich eher durch die Qualität ihrer Schüler bestimmt, als durch die des Ausbilders. Eine solche Schule definiert sich tatsächlich durch das Verhalten des Ausbilders gegenüber dem Zuhörer und durch die Einstellung des Zuhörers gegenüber dem Ausbilder. Was man hier die esoterische Schule nennt, ist eine Schule dieser zweiten Kategorie, also eine Schule, in der der Ausbilder immer bereit ist, die Versäumnisse, Dummheiten und Schwächen der Schüler zu verzeihen.

Die Schüler der esoterischen Schule müssen sich trotzdem vollständig darüber im Klaren sein, dass wenn ein schlechtes Verhalten verziehen wird, es niemals ein Vorteil für denjenigen ist, der wirklich vorwärtsgehen will. Dies hält sie nur auf. Aber der Ausbilder denkt, dass es nicht so wichtig ist, solange es nicht der Arbeit der anderen oder der Schule selbst schadet.

Das einzige Privileg: Ihnen helfen, ein höheres Ziel zu erreichen

Dies bedeutet, dass wenn eine geforderte Arbeit erleichtert oder verringert wird, wenn der Dummheit oder der Schwäche Zugeständnisse gemacht werden, dies kein Privileg ist, im Gegenteil, es ist immer ein Fehler, sowohl für den Ausbilder einer Schule, als auch für denjenigen, der versucht, auf einem Weg vorwärts zu kommen. Wissen Sie, das einzige Privileg im geistigen Bereich ist immer, sich selbst ein höheres Ziel zu setzen, oder dass es jemanden gibt, der dieses Ziel für Sie vorschlägt.

Die dritte Art Schule: Eine Arbeit, die vollkommen von der Qualität der Schüler abhängt

In der dritten Art Schule, in der es keinen Ausbilder gibt, versammeln sich Schüler, um gemeinsam zu arbeiten, weil sie verstanden haben, dass eine seriöse Arbeit nie allein geleistet werden kann, sondern immer nur mit anderen Schülern, im Sinne von Jesus Christus, der sagte: «Dort wo zwei oder drei in meinem Namen versammelt sind, bin ich mitten unter ihnen.» Es ist klar, dass diese Schulen allein von der Qualität der Schüler abhängen, aus denen sie zusammengesetzt sind.

Alle Arten von Rosenkreuzerschulen gehören dieser Kategorie an, weil sie noch wahre Elemente in sich tragen. Alle Arten von Einweihungsschulen, die aus dem sogenannten «Verrat der Mysterien» stammen – das Wort Verrat ist in diesem Falle nicht unbedingt im negativem Sinne benutzt, denn es handelt sich einfach um die vorzeitige und fragmentarische Verbreitung der Mysterien – all diese Schulen, auch die Freimaurer, können dieser Kategorie mehr oder weniger als zugehörig betrachtet werden. Die Anthroposophie gehört zur Zeit auch dazu.

Frage: Kann man in dieser Art Schule noch vorwärts kommen?

– Schwerlich.

Frage: Ist dies nicht das Schicksal jeder Schule ab dem Augenblick, an dem der Lehrer verschwindet?

– Doch, gewiss. Die Schule ist dann vollständig an die Qualität der Personen gebunden, aus denen sie zusammengesetzt ist.

Zuhörer: Ich fühle mich schuldig, wenn ich gegen die Regeln der Schule verstoße.

– Das Schuldgefühl ist immer etwas sehr Negatives, man muss lernen, es vollständig aus seinem Leben zu verbannen. Sonst erreicht man keinen Fortschritt. Und wenn einen dieses Gefühl trotzdem vorwärtsbringt, geschieht es auf schlechte Art und Weise.

Klarheit ohne Zurechtweisung

Es ist offensichtlich, dass hier keine Zurechtweisung stattfindet. Jedoch muss man die Dinge beim Namen nennen. Es wird einem Ausbilder niemals in den Sinn kommen, jemanden zurechtzuweisen. Es handelt sich nur darum, die Dinge zu sagen wie sie sind, denn nur wenn man sich bewusst macht, dass etwas nicht richtig ist, kann man anfangen, es zu ändern, und nicht, wenn man weiter in der Illusion lebt.

In einer solchen Schule kann man die Arbeit beginnen, ohne wirklich den Sinn der Ideen zu begreifen, die aus dem stammen, was man den höheren Geist nennen könnte, sogar ohne das Ziel der Arbeit selbst zu begreifen, ob es sich um die Arbeit an sich selbst oder für die Schule handelt. Man wendet die Regeln an, und das ist alles. Aber nach einer bestimmten Zeit ist es unbedingt erforderlich, die Regeln zu verstehen. Um weiter zu kommen, muss man eine klare und richtige Vorstellung von der Bedeutung und all dem haben, was aus höherem Bewusstsein stammt, sowie von der Bedeutung der Arbeit selbst.

Ein Wissen, das aus höherem Bewusstsein stammt
Die einzige Möglichkeit: versuchen es zu verstehen

Vor kurzem sagte mir jemand, dass viele Diskussionen nötig seien, um zu einem gemeinsamen Konsens zu kommen. Vielleicht ist es so, aber mit mir wird es nur sehr wenige Diskussionen geben. Wissen Sie, eine Schule übermittelt ein Wissen, und das einzige was zu tun ist, ist nicht über die Unterrichtung zu diskutieren, sondern sie zu verstehen. Die Grundidee einer Schule ist sehr einfach.

Ein Wissen, das aus einem höheren Bewusstsein stammt, wird Zuhörern mit einem gewöhnlichen Bewusstsein übermittelt. Dies bedeutet, dass jemand mit einem normalen Bewusstsein überhaupt nicht über dieses Wissen diskutieren kann. Man kann sich dazu entscheiden, es sich anzuhören, es zu verstehen, aber nicht darüber zu diskutieren. Sie haben das Recht, über alles Meinungen zu haben; aber hier kann man nur verstehen, und wenn man dies schon nicht versteht, dann muss man wirklich etwas anderes tun.

Frage: Wo befindet sich dann der Einzelne im Bezug zu dieser Schule?

– Niemand ist in keinem Moment zu irgend etwas gezwungen. Am Anfang heißt die Frage: «Will ich oder will ich nicht?» Und dann entsteht eine weitere: «Kann ich verstehen oder kann ich es nicht?» Wenn man versteht, dann braucht man keine Frage mehr zu stellen, die Antwort liegt im Verständnis. Jemand, der versteht, braucht sich keine dieser Fragen zu stellen, weil er immer mehr verstehen will, wohingegen der, der nicht versteht, sich dadurch selbst ausschaltet. Auf dem Vierten Weg gibt es keine äußere, sondern nur eine innere Auswahl.

Sobald die erste Frage gestellt wird: «Will ich oder will ich nicht?» und geantwortet wurde: «Ja, ich will», beginnt der innere Auswahlprozess. Denjenigen, der vollkommen stupide ist, hält es nicht länger als zehn Minuten hier, und danach gibt es dann noch alle möglichen Verständnisstufen.

Frage: Handelt es sich nur um intellektuelles Verständnis?

– Nein, aber es handelt sich um einen großen Teil intellektuellen Verständnisses, und man muss sich die Zeit nehmen, um alles zu erklären. Wenn Sie nicht verstehen, was ich sage, dann ist es schon vorbei, und man muss etwas anderes tun. Und wenn Sie es verstehen, dann gibt es keine Fragen. Oder doch, es gibt die folgende Frage: Will ich mehr verstehen?

Frage: Und wenn man schlecht versteht?

– Schlecht verstehen heißt nicht verstehen, und auch das schaltet Sie aus. Hier im Saal verlieren 75% der Personen ihre Zeit, weil sie nicht die richtige Frage gestellt haben: Will ich oder will ich nicht? Andere wiederum haben nicht genug Willen, um zu verstehen, also um viele Dinge, viele Vorurteile und alle Konditionierungen wieder zu hinterfragen. Wie viele sind dazu bereit? Wie viele sind bereit, loszulassen in Bezug zu all dem, was sie anhäufen? Ich spreche von der Arbeit an sich selbst! Aber ich bin nicht gut im Rechnen, Vielleicht sind es nicht 75 % sondern 99 %! Oder sind es vielleicht nur 10 %?

✧

AUF EINEM INNEREN WEG: ACHT GRUNDSÄTZE

28.05.92

Diejenigen, die sich auf einem inneren Weg befinden, müssen acht Grundsätze im Sinn haben, und dies gilt noch viel mehr für diejenigen, die in den Vierten Weg eintreten wollen. Es handelt sich nicht um eine Theorie, es ist wesentlich, diese Prinzipien zu verstehen und sie als konkrete Wirklichkeiten in sich zu erkennen.

1. Der Mensch: ein unvollkommen entwickeltes Wesen...

Der erste Grundsatz stellt die Tatsache fest, dass der Mensch ein unvollkommen entwickeltes Wesen ist, sich aber selbst aus eigener Initiative entwickeln kann. Der Mensch hat drei Möglichkeiten:

– Er kann sich durch eigene Bemühungen entwickeln und sich von der Stufe aus, in der die Natur ihn gelassen hat, auf die Stufe eines wirklichen Menschen entwickeln und von da an höheres Bewusstsein anstreben.

– Er kann leben und sterben, wie er geboren ist, d.h. als unvollkommenes Wesen. Ab diesem Moment sind seine aufeinanderfolgenden Leben der Idee ähnlich, die sich die Buddhisten und Hindus davon machen: Der Mensch ist von dem großen Rad der aufeinanderfolgenden Inkarnationen gefangen. Er kommt von einer Inkarnation in die andere und dreht sich ohne Ende im Kreis.

– Die dritte Möglichkeit ist der geistige Verfall, der bis zum Verlust der Entwicklungsfähigkeit führen kann, den man den geistigen Tod nennt.

2. ...dessen Entwicklung möglich ist...

Der Mensch ist also ein unvollkommen entwickeltes Wesen, seine Entwicklung ist aber möglich, denn was in ihm entwickelt werden kann, ist im Keimzustand vorhanden.

3. ...durch eine bewusste und freiwillige Arbeit mit einer ausreichenden Hilfe

Diese Entwicklung kann nicht alleine vor sich gehen, sondern nur durch eine bewusste und freiwillige Arbeit, durch eigene Bemühungen und eine ausreichende Hilfe eines oder mehrerer Menschen, die bereits ein höheres Bewusstsein entwickelt haben.

4. Eine Entwicklung, die nicht für alle sein wird

Die vierte Grundidee besagt, dass sich nicht alle Menschen entwickeln, denn die Entwicklung ist eine Angelegenheit persönlicher Bemühungen, wodurch sie eine Seltenheit, eine Ausnahme in Bezug auf die Masse bleibt. Außerdem wird sie in Zukunft immer seltener. Es besteht da keine Ungerechtigkeit, denn die Masse hat kein Verlangen nach einer Entwicklung und ist nicht dazu bereit, sich genügend zu bemühen.

Frage: Warum wird Entwicklung immer seltener sein?

Die Menschen der Zukunft: Maschinen in einer Welt der Isolation und Illusion

– Durch die Tatsache, dass die Menschen immer mehr von dem gesamten wirtschaftlichen, sozialen und politischen System gefangen genommen werden, werden sie zu Maschinen

– sie sind es zwar schon, aber noch in geringem Maße und im Keim immer noch mit der Möglichkeit, wahrhaft Mensch zu werden. Sie werden zu Maschinen mit immer weniger Freiheit und noch weniger individuellen Gedanken, die in einem falschen Individualismus leben werden, der Egoismus und vollständiges Abschotten seiner selbst beinhaltet – das entspricht diesem Satz beim Empfang in einer esoterischen Schule: «Du wirst nur noch deine eigene Welt kennen.» Dort wird die moderne Welt den größten Teil der Menschheit hinführen: Sie werden nur noch sich selbst kennen, sie werden sogar nicht mehr mit anderen oder einer Gruppe in Kontakt treten. Sie werden in ihrer Zelle eingeschlossen sein, vor ihrem Fernseher oder vor anderen Medien der Zukunft, die dann den Raum als eine zusätzliche Dimension einführen werden.

In einigen Jahren werden den Menschen neue Kommunikationsformen in eine Welt von räumlichen Bildern stürzen, die auch den Geruchs-, Geschmacks- und Tastsinn umfassen werden. Er wird von einer vollständig illusorischen Welt gefangen sein und eine Art von Getriebe werden, das in ein größeres Getriebe eingefügt ist, das ihn ganz und gar die Beziehung zur wahren Welt verlieren lässt. Stellen Sie sich das vor: eine Welt, die in einem Zimmer besteht. Heute schon erleben Menschen die Dinge oft auf künstliche Art: Sie erleben das Abenteuer in einem Abenteuerfilm, in einigen Jahren werden sie das Abenteuer in ihrem Zimmer erleben und infolge der Entwicklung der technologischen Mittel auch den Eindruck haben, dass sich die Dinge wirklich in ihrem Zimmer abspielen.

Frage: Wenn Sie sagen, dass Entwicklung immer seltener sein wird, heißt das, dass ein Teil der Menschen, die sich während ihrer früheren Inkarnationen entwickelt haben, zu der Masse zurückkehren wird?

– Nein. Es wird aber immer weniger neue Menschen geben, die sich dafür interessieren. Außerdem muss man ein anderes Phänomen berücksichtigen: die immer größere Bevölkerungszunahme.

Frage: Wird jeder die Möglichkeit haben, sich von dieser Entwicklung freizumachen?

– Ich kann diese Frage nicht beantworten, denn ich weiß nicht, wie viel Zeit noch übrig bleibt. Aber jeder Mensch hat einmal die Möglichkeit gehabt, sich zu entwickeln. Auf jeden Fall gehört heute schon viel Wille, Ausdauer, Geduld, Mut und natürlich auch eine gewisse Intelligenz dazu. Heutzutage genügt das Bedürfnis nach Entwicklung alleine nicht mehr, man braucht den wahren Willen, sich zu entwickeln. Ausprobieren führt zu nichts. Jemand, der probiert, wird in Wirklichkeit aufhören. Man muss einfach sagen: «Ich will.»

5. Der Mensch: eine programmierte Maschine, die sich ihres Funktionsablaufs nicht bewusst ist

Der fünfte Grundsatz besagt, dass der Mensch sich nicht kennt und dass er mit allen möglichen Illusionen über sich selbst lebt. Er handelt nur wie ein Automat, wie eine programmierte Maschine, und er ist sich dessen nicht bewusst. Erst wenn er sich auf einen Weg macht, beginnt er, sich dieser Dinge bewusst zu werden, erst dann befreit er sich langsam von diesen Automatismen und Konditionierungen, zu denen ihn seine früheren Inkarnationen, seine Erziehung und seine Erfahrungen verurteilt haben. Es handelt sich zunächst darum, die Dinge intellektuell zu verstehen, aber anschließend muss man dazu in der Lage sein, sie in sich zu bemerken.

Der Mensch reagiert nur entweder auf alle möglichen äußeren Reize oder auf innere Triebe, diejenigen beispielsweise, die von seinem Hormonsystem und von der Funktion seiner Organe stammen. Die Frauen wissen es ein wenig besser als die Männer, weil sie hormonell stärker konditioniert sind.

6. Der Mensch ist nicht frei

Der Mensch kennt sich nicht, daher ist er nicht frei. Er kann nie frei handeln. Entweder reagiert er auf äußere Reize oder auf innere Triebe. In ihm gibt es kein Zentrum, kein «Ich», das sagen kann «ich will», ohne dass dies eine Reaktion, eine Antwort auf etwas darstellt, das von außen oder von innen kommt. Und trotzdem glaubt der Mensch, frei zu sein. Er sagt: «Ich bin frei, auf diese oder jene Art zu handeln.» Dies ist falsch, weil der Mensch immer nur so handelt, wie es ihm am besten passt.

7. Wenn der Mensch richtig versteht, ist er fähig, sich völlig zu verändern

Das siebte Grundprinzip entspricht der vorangegangenen Idee der Veränderung. Wenn der Mensch wirklich versteht, was eben erläutert wurde, dann ist er fähig, sich radikal zu verändern, sich umzugestalten. Von dem Zustand einer Maschine, vom konditionierten Automaten aus kann er anfangen, frei und schöpferisch zu werden. Jemand, der nicht beginnt zu verstehen, was ich erläutert habe, ist unfähig, frei zu handeln. Das ist eine absolute Regel. Von dem Moment an, ab dem er beginnt, dies zu verstehen, fängt er an, vom normalen zum höheren Bewusstsein überzugehen. Vom Zustand der Raupe entwickelt er sich zum Schmetterling. Es ist der gleiche Unterschied. Die einen kriechen – die Menschheit ist im Allgemeinen eine kriechende Menschheit – die anderen fangen an, ein wenig zu fliegen, in andere Sphären einzutreten.

8. Der Mensch, eine Vielzahl von «Ichs», und jedes will in eine Richtung

Achtes Grundprinzip: Der Mensch ist kein einzelnes «Ich», sondern eine Vielzahl von «Ichs». Doch er hält sich für ein einzelnes Wesen, für ein Individuum. «Individuum» stammt aus dem Lateinischen und heißt «nicht geteilt», dies bedeutet «geeint». Nun ist dies aber überhaupt nicht der Fall: Der Mensch ist kein Individuum. Ein Individuum ist nicht mehr zerstückelt, es funktioniert im Leben immer mit demselben Zentrum, es ist immer dasselbe «Ich», das handelt und etwas will. Jedoch sind wir jemand, der heute das eine will und morgen etwas anderes. Wir sind zwischen unseren Gefühlen, die in eine Richtung ziehen und unseren Gedanken geteilt, die in eine andere Richtung wollen, falls nicht der Körper oder der Instinkt noch etwas anderes verlangen. Wir sind eine Menge «Ichs», die in alle möglichen Richtungen wollen, und uns manchmal in eine Richtung lenken, in die der größte Teil von uns nicht will: Wenn wir beispielsweise unter dem Einfluss von einem Gefühl, einer Laune oder einem großen Wunsch handeln, obwohl ein ganzer Teil von uns selbst überhaupt nicht damit einverstanden ist. Es ist ein ständiges Hin- und Herziehen zwischen all den Dutzenden verschiedener «Ichs». Was dies noch verschlimmert, ist die Tatsache, dass eines dieser kleinen «Ich» sich sehr oft für die Gesamtheit hält und eine Entscheidung trifft, die unser ganzes Leben in eine Richtung beeinflussen kann. Manchmal ist die Richtung gut, aber es kommt oft vor, dass sie falsch ist.

Drei Elemente geben uns den Eindruck «eins» zu sein

Drei Dinge lassen uns glauben, «eins» zu sein:

- Die Tatsache, dass wir einen Namen und Vornamen haben, die sich nicht ändern.
- Die Empfindungen aus unserem physischen Körper, die wir kennen und wieder erkennen.
- Alle unsere Tendenzen und Gewohnheiten, denn wir sind die Gesamtheit unserer Gewohnheiten.

Was ist eine Gewohnheit? Sie ist ein Automatismus, ein unbewusster Mechanismus, der sich wiederholt. So funktionieren Sie. Aus diesem Grund ist es auf dem Weg ratsam, ab und zu zu versuchen, seine Gewohnheiten zu ändern, weil dies hilft, ein wenig bewusster zu werden und unsere Automatismen abzulegen, nach denen wir normalerweise funktionieren.

Das sind die wenigen Grundideen, die jeder unbedingt erarbeiten muss, indem er versucht, sie zunächst intellektuell zu verstehen und sie dann in seinem Leben wahrzunehmen.

Man sollte sich bewusst machen, dass es wirklich so ist. Wir sind das und nichts anderes!

Vier große Illusionen

Übrigens entsprechen diese Grundideen vier großen Illusionen des Menschen:

Diese sind:

- Ein einziges «Ich» zu besitzen, obwohl jeder von uns aus einer Vielzahl besteht.
- Fähig zu sein, frei zu handeln, während wir nur gemäß den Konditionierungen handeln, die wir erfahren haben.
- Sich seiner selbst bewusst zu sein.
- Einen Willen zu haben.

Eine Maschine, die relativ gut funktioniert

Es ist erstaunlich, dass wir trotz allem so gut funktionieren. Wir kommen auf die Welt, essen, werden erzogen, wir leben, haben Beziehungen zu anderen, wir arbeiten, manchmal haben wir sogar den Eindruck, schöpferisch zu sein. Warum? Weil die Maschine verhältnismäßig gut funktioniert, wie alle Maschinen, die ausreichend gepflegt und mit genügend Treibstoff versorgt sind. Jedoch gibt es gewisse Pannen: die körperlichen oder seelischen Krankheiten, und die größte Panne ist der Tod.

Eine einfache Willensübung: sich hier während einiger Minuten seiner selbst bewusst sein

Wir leben in der großen Illusion, einen Willen zu haben, während wir wie eine Maschine funktionieren. Probieren Sie einmal eine sehr leichte Willensübung: Sie werden jetzt versuchen, sich Ihrer selbst bewusst zu sein, hier auf Ihrem Stuhl. Sie werden versuchen, sich Ihrer selbst zehn Minuten lang bewusst zu bleiben. Sie beschließen jetzt eine einfache Übung, nichts Kompliziertes: sich aller Dinge, die Sie tun, bewusst zu sein.

Einverstanden? Gewiss wird es eine Minute dauern, bei den Fortgeschritteneren zwei Minuten, dann aber ist es aus. Sie sind sich nicht mehr Ihrer selbst bewusst, weil Ihr Willen nur für 60 bis 120 Sekunden ausreicht. Danach ist weder Wille noch Bewusstsein vorhanden, die von einem bestimmten Gesichtspunkt aus gesehen das gleiche sind. Das sind Tatsachen, derer man sich bewusst sein muss.

Bewusstsein, Wille, Freiheit: Das alles gibt es nicht, und wir benutzen diese Worte, um mechanische Funktionsweisen zu beschreiben. Auch das muss man verstehen: Während in diesen Worten eine tiefgründige Wahrheit steckt, wie in dem Wort «Individuum», von dem wir vorhin sprachen, wird deutlich, dass wir in der Illusion der Worte leben. Diejenigen, die dieses Wort erfunden haben, wussten was sie sagten: Ein wirklicher Mensch ist jemand, der nicht mehr gespalten ist, dem es gelungen ist, eins zu werden. Das ist noch nicht der Fall.

✧

UNSERE ZAHLREICHEN ICHS

23.06.92

Bruchstückhafte Zentren, die in sich und untereinander hin- und hergerissen sind

Eine kurze Wiederholung verschiedener Definitionen:

1. Diejenigen, die wir gewöhnliche Menschen genannt haben, interessieren sich hauptsächlich für Dinge physischer Natur und nur sehr nebensächlich für emotionale oder intellektuelle Angelegenheiten. Wir haben sie bisher Menschen Nr. 1, 2 und 3 genannt. Jetzt werden wir es uns vereinfachen und sie nur noch Menschen Nr. 1 nennen.

2. Die sogenannten Kreise der Menschheit definieren sich vom sogenannten äußeren Kreis bis zum esoterischen Kreis, dem innersten.

3. Die 3 Arten von Einflüsse, die auf den Menschen wirken, sind: Einflüsse A, nur gebunden an physische und materielle Dinge, Einflüsse B, entstanden aus Religion, Wissenschaft, Kunst oder aus dem Intellekt, sowie Einflüsse C.

Ein unvollständiges und vergängliches Wesen Hin- und hergerissen zwischen seinen verschiedenen Ichs (zur Erinnerung)

Der Mensch ist ein unvollständiges Wesen, er hat einen physischen Körper, der durch einen sogenannten Ätherleib belebt ist. Er hat eine Seele, die man auch Astralleib nennt.

Dieser Astralleib bildet für die Dauer eines Lebens seine Persönlichkeit. Außerdem besitzt er einen Geist im Keimzustand. Wenn er ein beständiges und dauerhaftes Ich besitzen würde, könnte er sich seiner vergangenen Leben erinnern. Der Astralleib (die Seele, die Persönlichkeit eines Lebens) hat nichts Dauerhaftes und wechselt von einem Leben zum Nächsten.

Desweiteren haben wir gesehen, dass der gewöhnliche Mensch viel mehr Bezug zu seinem physischen Körper hat als zu seinem Geist. Wenn er beginnen will, mit seinem Geist in Kontakt zu kommen, kann ihn nur ein Einweihungsweg, ein Weg der Erkenntnis dahin führen.

Außerdem wissen wir, dass der Mensch drei Hauptfunktionen besitzt: Das intellektuelle Zentrum, das emotionale Zentrum und das, was wir zukünftig das physische Zentrum nennen werden, dazu gehören das motorische, instinktive und sexuelle Zentrum.

Wir haben gesehen, dass der Mensch keine Einheit ist, da er einmal durch das eine Zentrum handelt – man muss eher sagen, ein Zentrum handelt durch ihn – ein anderes Mal durch ein anderes Zentrum, und diese Zentren stehen meist im Widerspruch zueinander: Die Gefühle, die Emotionen drängen uns zum Beispiel manchmal in eine Richtung, die dann aber im Gegensatz zu unserem Denken steht. In anderen Momenten handelt die physische Müdigkeit dem Denken oder den Gefühlen zuwider usw. Ständig gibt es ein Hin- und Herziehen zwischen den verschiedenen Ichs, zwischen den verschiedenen Zentren.

Die Zentren sind physisch lokalisiert und funktionieren in der Dualität

Die verschiedenen Ichs befinden sich also im physischen Körper. Wir haben bis jetzt gesehen, dass sich das intellektuelle Zentrum im oberen Bereich, das emotionale Zentrum im mittleren Bereich und das physische Zentrum (d.h. motorisch, instinktiv, sexuell) im unteren Bereich des physischen Körper befindet. Man kann sagen, dass das erste im Kopf, das zweite im Herzen oder im Bereich des Solar-Plexus und das dritte im ganzen Körper handelt. Wenn Sie leiden oder hungrig sind, zentriert sich Ihr Ich in gewisser Weise an dem Ort des Schmerzes bzw. an dem Ort dieser Empfindung und obwohl wir uns ständig das Gegenteil vorstellen, sind wir doch extrem abhängig von unserem Körper.

Es ist sehr wichtig, über das theoretische Wissen hinaus, unsere Zentren in uns zu beobachten – und es ist sehr wichtig, dieses Phänomen durch die Wahrnehmung unserer Funktionsmechanismen in uns zu erkennen. Diese Zentren sind in sich in einen positiven und einen negativen Teil gegliedert. Dadurch wird dem Menschen ermöglicht, Dinge zu analysieren und die Welt unter zwei Aspekten zu betrachten, einem positiven und einem negativen Aspekt, also unter einer gewissen «Polarität». Die Welt befindet sich selbst auch in einer Dimension, die dualer Natur ist.

In Wirklichkeit können diese Zentren die Welt nur in dieser dualen Art wahrnehmen. Normalerweise würde das wahre menschliche Ich, wenn es aus dem höheren intellektuellen und dem höheren emotionalen Zentrum gebildet würde, zwischen dem Positiven und Negativen urteilen und entscheiden. Da diese Zentren aber in der Regel noch nicht existieren, kommt es zu diesem Hin- und Hergezerre zwischen den verschiedenen Zentren.

Jedes Zentrum ist also in einen positiven und einen negativen Teil geteilt. Im intellektuellen Zentrum nimmt der positive Teil neue Ideen wahr, der negative Teil wägt sie dann ab, beurteilt sie nach ihrer möglichen Anwendung und ihrer Nützlichkeit. In gleicher Art nimmt das emotionale Zentrum im positiven Teil die angenehmen Dinge wahr, während unangenehme Dinge vom negativen Teil aufgenommen werden. Im physischen Zentrum wird das, was zum instinktiven Bereich gehört, eher durch den positiven Teil empfunden und das, was zum motorischen Bereich gehört, ist an den negativen Teil gebunden. Dies war ein grober Umriss der Funktionsabläufe der verschiedenen Zentren.

Frage: Sie sagen, dass man keine Wahl treffen kann. Was wollen Sie damit sagen?

Bruchstücke, Zerteiltheit und Hin- und Hergezerre

– Ein Beispiel: Das physische Zentrum spürt, dass der Körper müde ist. Nun möchte das intellektuelle Zentrum aber noch aktiv sein. Was werden Sie tun? Sie werden entweder der Müdigkeit Ihres physischen Körpers nachgeben oder sie überwinden und beispielsweise weiter lesen. Eine Entscheidung wird getroffen, aber sie kommt immer von einem dieser Zentren. Genauso ist es, wenn man zwischen einem Gedanken und einem Gefühl hin- und hergerissen wird. In Wirklichkeit gibt es viel mehr, als nur das Hin- und Hergezogensein zwischen den Zentren, es gibt, wie wir noch sehen werden, ein Hin- und Herzerren innerhalb der einzelnen Zentren, weil es in uns keine Instanz bzw. kein Ich gibt, das das Ganze leitet und die Entscheidung treffen kann, denn die Zentren entscheiden. Einmal folgen Sie dem physischen Zentrum, ein anderes Mal dem emotionalen Zentrum, und wieder ein anderes Mal dem intellektuellen Zentrum, weil Sie in sich noch kein höheres Ich geformt haben, das die Kapazität hat, mit Hilfe der Angaben, die durch die verschiedenen Zentren übermittelt werden, Entscheidungen zu treffen.

Normalerweise ist es die Rolle der Zentren, die Welt wahrzunehmen, sie intellektuell, emotional und physisch zu betrachten und nicht irgendwelche Entscheidungen zu treffen. Aber da es in Ihnen nichts gibt, was Entscheidungen treffen kann, haben die Zentren diese Möglichkeit. In den Evangelien steht geschrieben: «Ihr seid Legionen.» Darum handelt es sich, Sie sind keine Einheit, Sie sind kein Individuum.

Frage: Sind diese Zentren verformt worden?

– Ja, durch die Einflüsse der sogenannten Kräfte des Bösen, die an der Gestaltung des Menschen teil hatten, ihn aber dann verformten und dadurch verhindern konnten, dass ein einheitliches Zentrum wachsen konnte. Die Einflüsse des Bösen haben die Zerstückelung und die Bruchstücke geschaffen. Dies alles wäre noch nicht einmal so schlimm, wenn nicht in diesem ganzen Hin- und Hergezerre die Tyrannei eines Zentrums über die anderen hinzukommen würde, das sich beispielsweise manchmal ein ganzes Leben lang nur für eine Idee oder ein Gefühl einsetzen kann. Nun kann aber ein einziges Zentrum keine richtige oder allumfassende Betrachtung der Dinge haben. Dies ist die Quelle all unserer Schwierigkeiten, all unserer Sorgen und Irrtümer.

Zuhörer: Wenn man körperlich müde ist, kann man nichts dagegen tun. Selbst wenn das intellektuelle Zentrum sich nicht ausruhen möchte, bleibt die Müdigkeit doch bestehen.

– Manchmal sagt Ihr intellektuelles Zentrum: Nein, ich werde meiner Müdigkeit nicht nachgeben, ich werde beispielsweise einen Kaffee trinken, um mich wieder etwas in Form zu bringen. In diesem Moment entscheidet das intellektuelle Zentrum.

Zuhörer: Ja, aber der physische Körper erleidet trotzdem die Konsequenzen der Müdigkeit.

– Das ist nicht das Problem, davon rede ich nicht. Ich spreche von der Wahl: Was wählen Sie? Es ist ein anderes Problem, ob die Müdigkeit bzw. deren Maske existiert. Es geht darum, das System zu verstehen und wie es in uns funktioniert.

Frage: Könnten Sie noch einmal erklären, woraus der negative Teil des intellektuellen Zentrums besteht?

– Es ist für die Beurteilung zuständig, für das Abwägen der Dinge, sie zu kritisieren, aber nicht unbedingt in einem negativen Sinn. Der positive Aspekt besteht darin, die Dinge zu betrachten, der negative Aspekt darin, sie zu beurteilen, jedoch ohne wirkliches Urteilen über den Wert – es ist wie in der

Elektrizität in der es einen positiven und einen negativen Pol gibt. Es handelt sich lediglich um Funktionen.

Zentren, die in verschiedene Sektoren geteilt sind

Wenn sich die Struktur dieser Zentren nur auf die positive und negative Teilung beschränken würde, hätte man eine vereinfachte und absolut ahrimanische Vision der Welt. Nun sind wir aber viel komplexer gebaut, weil sich in jedem unserer Zentren auch noch ein Teil der anderen befindet. Daher ist der positive Teil des intellektuellen Zentrums aus einem reinen intellektuellen Teil, einem intellektuellen und gleichzeitig physischen Teil und drittens aus einem intellektuellen und etwas emotionalen Teil zusammengesetzt. Ein Beispiel: Ich erzähle Ihnen etwas und Sie verstehen, was ich meine. Wenn ich Sie nun plötzlich angreife, so wie es manchmal meine Art ist, reagiert sofort gleichzeitig der intellektuelle und der emotionale Teil Ihres intellektuellen Zentrums. Und wenn Ihnen dann das Blut ins Gesicht steigt und Sie Lust haben, aufzustehen und zu gehen, mischt sich auch noch der physische Teil dieses Zentrums da hinein. Danach wird das Zentrum, das gewöhnlich in Ihnen dominiert, die Oberhand bekommen. Bei jemandem, der sehr emotional ist, wird das emotionale Zentrum alles aus der Welt schaffen wollen. Verstehen Sie, wie das alles vor sich geht? Alles ist in uns vermischt. Wenn Sie eine Emotion verspüren, ist diese in der Regel auch von einer physischen Veränderung begleitet: Wenn Sie in Wut sind, steigt Ihnen das Blut in den Kopf, und wenn Sie plötzlich die Frau treffen, die Sie lieben, fängt Ihr Herz an, schneller zu schlagen. Das zeigt uns, dass das Emotionale auf das Physische wirkt, weil im emotionalen Zentrum das gleiche Phänomen existiert: Ein großer Teil ist emotional, ein Teil ist emotional-intellektuell und ein Teil ist emotional-physisch.

Das physische Zentrum besitzt auch einen vollkommen physischen Teil, einen physisch-intellektuellen und einen dritten, den physisch-emotionalen Teil. Jedes Zentrum hat natürlich seinen vorherrschenden Teil. Jedes Zentrum besitzt daher seine eigene Energie und ein wenig der anderen. Dies bezieht sich sowohl auf den positiven als auch auf den negativen Teil der einzelnen Zentren. Man kann also sagen, dass jedes Zentrum in sechs Abschnitte geteilt ist.

Unsere Persönlichkeit: eine Struktur, die unfähig ist, fehlerlos zu funktionieren

Diese Zentren formen unseren Astralkörper, unsere Seele, unsere Persönlichkeit. Die fundamentale Struktur unserer Persönlichkeit ist also aus drei mal sechs = 18 Teilen zusammengesetzt. Sie können sich vorstellen, dass eine Struktur, die in dieser Weise geteilt ist, nicht fehlerlos funktionieren kann. Einerseits bestehen Widersprüche zwischen den verschiedenen Zentren und andererseits ist jedes Zentrum ein unterschiedliches Gemisch aus Positivem und Negativem. Alles vermischt sich immer. Wie ich vorhin schon sagte, erklärt dies, dass unser Denken immer von Emotionen begleitet ist und unsere Emotionen von Gedanken oder von physischen Reaktionen begleitet sind. Manchmal kommt es vor, dass ein Zentrum einseitig funktioniert, beispielsweise dass der intellektuelle Teil des intellektuellen Zentrums oder der emotionale Teil des emotionalen Zentrums ganz allein funktioniert, aber dies sind immer pathologische Fälle. Alle psychologischen und zum Teil auch psychischen Krankheiten hängen mit dem einseitigen Funktionieren von einem Teil eines Zentrums zusammen.

Wenn die Psychiatrie diesen Mechanismus verstehen würde, könnte sie die Menschen, die unter fixen Ideen leiden, auf viel effizientere Weise heilen – in Wirklichkeit handelt es sich gar nicht um fixe Ideen, sondern um das fixe bzw. verhärtete Funktionieren in einem dieser Teile der Zentren.

Frage: Und was ist mit dem Geist?

Ein chaotisches Funktionieren ohne eine richtungsweisende Instanz

– Darin existiert kein Geist. Das Ich oder der Geist des Menschen müsste sich normalerweise dieser Möglichkeiten bedienen, dieser ganzen Palette des Lebens. Solange er aber nicht existiert und das Denken nicht beherrscht, kann er weder seine Gefühle noch seinen Körper beherrschen, alles handelt in einer chaotischen Art und Weise, man wird einmal in eine Richtung gezogen, ein anderes Mal in eine andere. Deswegen können wir ruhig eine Entscheidung treffen, fünf Minuten, einen Tag oder zwei Wochen später wird sie doch wieder in Frage gestellt, weil sich alles in uns immer vermischt und wir keine richtungsweisende Führung in uns haben.

Zuhörer: Dennoch ist dies alles notwendig für unser Funktionieren, denn sonst wären wir in einem pathologischen Zustand.

– Nein, ein pathologischer Zustand besteht dann, wenn man nur in einem Sektor funktioniert. Dies alles funktioniert mechanisch, wie eine Maschine. Der Mensch ist in Wahrheit nur eine Maschine, eine gut funktionierende Maschine, die allerdings in Unordnung gebracht wird, sobald ein Teil allein funktioniert.

Frage: Bedeutet das, dass nur ein Sechstel funktioniert?

– Ein Sechstel eines der Zentren, ja. Eine weitere Möglichkeit wäre, wenn beispielsweise der physische Teil der drei Zentren alleine funktioniert. Dann funktioniert man auch sehr bruchstückhaft, trotz einer scheinbaren Einheit. Es gibt beispielsweise Menschen, die in einer sehr kühlen Art und Weise denken, die fast nichts in sich spüren und keine physischen Reaktionen haben, weil sie sowohl in ihrem physischen Zentrum als auch in den physischen Energien der anderen Zentren blockiert sind.

Andere stehen ständig unter dem Einfluss der Emotionen, sowohl in ihrem emotionalen Bereich als auch im Bereich ihrer Gedanken und ihres Körpers. Dies ist auch ein Fehler im

Funktionsablauf: Die Maschine fährt dann nur auf einer Schiene.

Frage: Also funktioniert die physische Persönlichkeit gut, wenn alle diese Zentren auf diese Art arbeiten?

Eine Maschine, die relativ gut funktioniert
Der gewöhnliche Mensch

– Die physische Persönlichkeit funktioniert sehr gut, wenn alle Zentren einigermaßen korrekt laufen, wozu sie auch hin tendieren. Die Person lebt also ein scheinbar vollkommen normales physisches Leben, jedoch im Zustand eines gewöhnlichen Menschen. Ein gewöhnlicher Mensch funktioniert einigermaßen korrekt, solange er nicht in einem allzu pathologischen Zustand ist – in Wirklichkeit ist der Zustand des gewöhnlichen Menschen an sich aber schon pathologisch.

Zuhörer: Wenn man eine Entscheidung trifft, kommt sie aus einem der Zentren; es ist normal, dass man diese Entscheidung dann vom Standpunkt der anderen Zentren untersucht und eventuell danach die Meinung ändert.

– Es liegt daran, dass die Entscheidung von einem der Zentren getroffen wird. Nun müsste aber jede Entscheidung eigentlich außerhalb der Zentren getroffen werden. Normalerweise müsste man dafür ein Ich, einen Geist oder ein höheres Ich haben, wie auch immer Sie es nennen wollen, das eine Übersicht des Ganzen besitzt, das die Möglichkeit hat, die Dinge zu führen, sie wahrzunehmen, zu durchdenken und die Entscheidungen zu treffen. Der gewöhnliche Mensch funktioniert aber nur nach dem vorher genannten Schema. Er kann also nie beständig sein, außer in den Bereichen, in denen er wirklich Ausdauer bewiesen hat. Das einfachste Beispiel: Wenn Sie jetzt beschließen, sich Ihrer selbst bewusst zu sein, sich selbst für den Rest des Abends zu spüren, werden Sie merken, dass dieses nicht länger als einige Augenblicke dauert. Warum? Weil es niemanden in Ihnen gibt, der dieses vollbringen könnte. Es gibt zwar verschiedene Zentren, aber es gibt kein höheres Zentrum, das die Möglichkeit hat, diese Entscheidung zu treffen und die anderen Zentren in diesem Zustand festzuhalten.

Frage: Reicht es aus, sich selbst zu erinnern, wie Sie es vorgeschlagen haben, um sich dieser verschiedenen Teile bewusst zu werden?

– Es ist der einfachste Weg. Am Anfang jedoch können Sie einfach damit beginnen zu beobachten, wie alles in Ihnen funktioniert, indem Sie ein wenig aufmerksamer werden.

Frage: Haben die anderen Zentren noch einen Sinn, wenn das höhere intellektuelle und das höhere emotionale Zentrum entwickelt sind?

– Ja, weil sie den Funktionsablauf ermöglichen. Aber von diesem Moment an sind sie auf ihrem richtigen Platz, wie ein Instrument, das seine Rolle im Orchester wieder einnimmt.

An die Vorherrschaft zweier Sektoren gebunden: neun Menschentypen

– Sie erinnern sich, dass wir einmal von einer Typologie gesprochen haben, die auf dem Enneagramm basiert und die die Menschen in neun Typen aufteilt. Diese neun Menschentypen sind an die Vorherrschaft des einen oder anderen Sektors gebunden, die wir studiert haben. Unter diesen 18 Sektoren bilden zwei immer ein Paar und entsprechen jedes Mal einem Menschentyp. Von einem gewissen Gesichtspunkt aus betrachtet könnte man also sagen, dass es 18 verschiedene Menschentypen gibt, bei näherer Betrachtungsweise bemerkt man aber, dass es in Wirklichkeit nur neun sind. Hinzu kommen die Menschentypen, die die zwei höheren Zentren entwickelt haben, diejenigen, die gemäß der Worte von Jesus Christus an Nikodemus «zweimal geboren» sind.

Die Tatsache, dass der Mensch geteilt ist, so wie wir es schon besprochen haben, verhindert, dass der Mensch in Frieden mit sich selbst und in Harmonie mit den anderen leben kann. Wir halten dieses geteilte Ich für unser eigentliches Ich. Tatsächlich aber haben wir den Eindruck, ein Ich zu sein, nur weil wir an der Oberfläche der Dinge leben. Da wir weder bewusst noch aufmerksam oder empfindungsfähig sind, merken wir nicht, dass wir so funktionieren. Wir haben uns nie richtig die Zeit genommen, etwas tiefer in uns zu schauen. Wenn wir tiefer in die Beobachtung unserer selbst gehen würden wie in der Meditation oder in der Selbsterinnerung, könnten wir nach und nach all diese Wahrheiten beobachten und verstehen.

Die Lüge: Eine Möglichkeit vor unserer Abwesenheit davonzulaufen

Wir haben vor kurzem die Elemente aufgezählt, die uns den Eindruck geben, ein Ich zu sein: Unser Name, die Eindrücke, die uns unser Körper vermittelt – immer die gleichen – und die Gesamtheit unserer Tendenzen und unserer Gewohnheiten. Zu diesen drei Gründen, die uns zur Illusion führen, dass wir eine Einheit sind, muss man noch die Erinnerung an unsere Erfahrungen hinzufügen, die wir gemacht haben, und die Möglichkeit, uns selbst und die anderen zu belügen, um die Illusion zu erhalten, in der wir mit uns selbst, mit den anderen und der Welt leben. Auf dem Erkenntnisweg sagt man, dass die Lüge die Rolle eines Puffers hat. Für uns stellt sie ein Mittel dar, den Schock dieser schrecklichen Realität zu dämpfen, der Realität, dass wir nicht wirklich existieren. Wir täuschen uns selbst, indem wir uns vorstellen, ein einheitliches Ich zu sein. Aber diese Lüge ist auch nützlich: Sie erlaubt uns vor dem Wahnsinn davonzulaufen, solange wir nicht in der Lage sind, ihn zu verstehen.
Die Gründe für die Illusion, ein einheitliches Ich zu besitzen:

1. Der Name
2. Die Eindrücke des Körpers
3. Die Gewohnheiten und Tendenzen
4. Die Erinnerung an die Erfahrungen
5. Die Fähigkeit zu lügen

Unsere Realität: eine ständige Lüge

Frage: Verstehen Sie unter der Lüge die Illusion?

– Ich bin absichtlich über das Wort Illusion hinausgegangen, weil es sich um alle Formen der Lüge handelt, unter anderem auch um das ganz einfache Lügen. Man muss einfach akzeptieren, dass es uns unmöglich ist, gegenüber uns selbst und gegenüber den anderen nicht zu lügen. Auf dem inneren Weg ist die Lüge möglich – die unbewusste Lüge – aber man sollte aufhören, unnötig zu lügen. Man hat noch das Recht auf nützliche Lügen, solange man sie noch nicht überwinden kann.

Es gibt unter anderem die Lüge uns selbst gegenüber, über das, was wir glauben zu sein, und die Lüge in dem Bild, was wir den anderen vorspielen. Sie sind selten Sie selbst mit den anderen: Mit Ihrem Ehepartner sind Sie ein anderer und wieder ein anderer mit Ihren Kindern, mit Ihren Eltern usw. Die Lüge beginnt an diesem Punkt. Wir leben ständig in der Lüge. So sieht unsere Wirklichkeit aus.

Zuhörer: Selbst wenn man in jeder Situation jemand anderes ist, sind es aber doch alles Teile von uns selbst.

– Dies ist ein Teil unserer Vielheit, dies sind wir nicht wirklich.

Frage: Sind dies alles nur Vorstellungen, die wir von der Realität haben?

– Auch. Man nimmt die Realität nicht als das wahr, was sie ist. Man nimmt weder die anderen noch die Welt so wahr, wie sie sind. Lüge gegenüber sich selbst, gegenüber den anderen, gegenüber der Welt, darin leben wir. Selbst jemand, der versucht, so aufrichtig wie möglich mit sich selbst und mit den anderen zu sein, lebt in diesem Zustand. Es gibt dafür sehr enthüllende Formulierungen, wie die Gewohnheit beispielsweise, mit: «Ja, aber...» zu antworten. Man beginnt, etwas anzuerkennen, aber dann macht man einen Vorbehalt. In einer kommerziellen Beziehung ist dies durchaus möglich, manchmal gerechtfertigt, aber im psychologischen oder persönlichen Bereich ist dies oft der Beginn einer Lüge. Man findet eine Entschuldigung, die es uns erlaubt, vor der Realität davonzulaufen. Die Lüge dient uns als «Puffer». Darin finden wir eine Form der Seelenruhe und des inneren Friedens. Sie erlaubt uns, die Dinge gegenüber uns selbst zu dämpfen oder zu lindern und Schuldgefühle zu vermeiden. Sie erlaubt einem, mit sich selbst leben zu können und bringt uns zu einer lebensfähigen Existenz, denn das Schuldgefühl würde uns verhärten und töten. Es ist besser, in einer Art Illusion über sich selbst zu leben, möglichst im Bewusstsein, das man sich diese selbst erzeugt, als in einem ständigen Schuldgefühl zu leben. Es ist wirklich notwendig, sich so weit wie möglich von seinen Schuldgefühlen zu befreien.

Zuhörer: Es ist doch unmöglich, eine Illusion zu erzeugen, denn wenn man weiß, dass es eine Illusion ist, dann verschwindet sie.

– Selbst mit dem Wissen darüber kann man weiter in ihr leben. Denken Sie mal darüber nach. Beobachten Sie Ihre Art, mit verschiedenen Menschen zusammen zu sein. Man funktioniert so, wie es beschrieben wurde.

Frage: Entspricht die Lüge in irgendeiner Weise einem Überlebensinstinkt?

– Nicht für den Menschen selbst, sondern nur für seine Persönlichkeit, die natürlich überleben will, denn sie weiß, dass sie nicht wirklich existiert, dass sie nur eine Illusion ist. Und sie hindert das wahre Ich, den Geist, an seiner Existenz.

Zuhörer: Im sozialen Leben ist man oft gezwungen, eine gewisse Fassade zu wahren, da man sonst in dieser Welt nicht funktionieren könnte.

Bewusst sein, obwohl man das Spiel weiter mitspielt

– Ohne jeden Zweifel. Aber jedes Mal wenn Sie gezwungen sind, dieses soziale Spiel mitzuspielen, sind Sie sich dessen auch bewusst? Es ist unnötig zu überlegen, denn Sie sind nicht bewusst. Wenn Sie bewusst sind, dann spielen Sie doch das Spiel, das gehört dazu. Versuchen Sie wenigstens, bis zu dem Tag bewusst mitzuspielen, an dem Sie sich vielleicht ganz und gar von diesem Spiel befreien können, was aber kaum möglich ist. Seien Sie aber bewusst! Der Grundgedanke besteht darin, sich mindestens dieser Tatsachen bewusst zu sein. Jemand, der sich auf einem inneren Weg befindet, muss versuchen, bewusst zu sein, selbst wenn er in dem Spiel weiterspielt. Das Problem ist nicht das Spiel, denn man kann alle möglichen Spiele spielen, wichtig ist das Bewusstsein, das man dabei von den Dingen hat.

Zuhörer: Sie sagten, dass Schuldgefühle töten würden.

– Schuldgefühle töten, denn sie lassen Sie in der Vergangenheit leben. Sie bleiben an etwas gebunden. Schuldgefühle hindern Sie daran vorwärts zu kommen. Und falls Sie doch vorwärtskommen, kommen Sie schlecht voran, da Sie nur in Reaktion auf Ihre Schuldgefühle sind, und dadurch leben Sie nicht mehr. Sie reagieren auf etwas Totes.

987 kleine Ichs

Wir haben 18 Sektoren aufgezählt. Das Funktionieren des Menschen ergibt sich aus einer Mischung dieser verschiedenen Sektoren. Und die Gesamtheit der möglichen Kombination aus diesen Sektoren ergibt 987. Es gibt also 987 verschiedene Charakterzüge des menschlichen Wesens.

Frage: Also 987 Arten von Menschen?

– Nicht Arten sondern Charakterzüge. Wir werden später sehen, dass diese Zahl von großer Bedeutung ist, um die Gesetze der zwischenmenschlichen Beziehungen besser zu verstehen. In der Tat ist unser ganzes Leben mit diesen Kombinationen verwoben. Sie beeinflussen unsere Reaktionen und unsere Beziehungen.

Frage: Gibt es also in jedem Menschen 987 Charakterzüge?

– Es sind Möglichkeiten von Charakterzügen. Diese 987 möglichen Kombinationen entsprechen in Wirklichkeit 987 möglichen Ichs. Dies ist die Legion der Ichs, die in uns leben und uns mal in die eine, mal in die andere Richtung ziehen, die einen Moment lang diese Entscheidung treffen, ein anderes Mal eine andere. Das ist die Realität. Und das ist der Grund, weshalb sich diese ganzen Ichs unter den verschiedenen Umständen und Ereignissen ständig verändern. Es ist auch der wahre Grund aller Krankheiten, des Alterns und somit auch der Grund für den Tod.

Ein Reichtum, der nur Elend bedeutet (Apokalypse 3, 15-22)

Im dritten Kapitel der Apokalypse steht: «Ich weiß deine Werke, dass du weder kalt noch warm bist. Oh dass du kalt oder warm wärest! Weil du aber lau bist und weder kalt noch warm, werde ich dich ausspeien aus meinen Munde. Du sprichst: Ich bin reich und habe gar satt und bedarf nichts! und weißt nicht, dass du bist elend und jämmerlich, arm, blind und bloß. Ich rate dir, dass du Gold von mir kaufest, das mit Feuer durchläutert ist, dass du reich werdest, und weiße Kleider, dass du dich antust und nicht offenbart werde die Schande deiner Blöße; und salbe deine Augen mit Augensalbe, dass du sehen mögest. Wen ich liebe, den weise ich zurecht und nehme ihn in Zucht. So sei nun fleißig und tue Buße. Siehe, ich stehe vor der Tür und klopfe an. So jemand meine Stimme hören wird und die Tür auftun, zu dem werde ich eingehen und das Abendmahl mit ihm halten und er mit mir. Wer überwindet, dem will ich geben, mit mir auf meinem Stuhl zu sitzen, wie ich überwunden habe und mich gesetzt mit meinem Vater auf seinen Stuhl. Wer Ohren hat, der höre, was der Geist den Gemeinden sagt.»

«Du bist weder heiß noch kalt.» So charakterisiert Johannes die meisten Menschen: die Lauwarmen. Und er weist sie zurück: «Ich speie Dich aus meinem Mund.» Außerdem bilden wir uns ein, dass wir reich sind, doch wir sind nur reich an Illusionen. Johannes erinnert sich an das, was er selbst war, der reiche junge Mann. Reich an geteilten Ichs, eine Vielheit in sich selbst. 987! Da liegt der Reichtum. Ein Reichtum, mit dem man nichts anfangen kann. Es gibt darin keine Einheit. Und weiter:

«Wen ich liebe, den weise ich zurecht und nehme ihn in Zucht.» Dies ist der Geist des Vierten Weges. Und der Text endet so: «Wer Ohren hat, der höre...»

Die Schöpfung: Eine Begrenzung der göttlichen Freiheit

Zum Schluss möchte ich noch eine kurze Antwort auf eine Frage geben, die mir kürzlich gestellt wurde. Ich habe gesagt, dass die Erschaffung des Universums einem Opfer von Gott entspricht. Solange sich Gott nicht außerhalb seiner selbst manifestiert hatte, war er frei und ohne jede Grenze. Ab dem Moment aber, an dem Gott die Welt erschafft, er sich durch seine Schöpfung manifestiert, verliert er seine Freiheit, da er selbst in den Bereich der Materie eintritt, der durch die drei folgenden Grenzen konditioniert wird: Raum, Zeit und Gleichgewicht. Jede Schöpfung wird von drei großen Gesetzen regiert. Sie nimmt ihren Platz im Raum ein, sie hat eine zeitliche Dauer und außerdem ist es notwendig, alle Energien in dieser Schöpfung wieder ins Gleichgewicht zu bringen. Dies sind die drei fundamentalen Bedingungen der Schöpfung, so wie wir sie uns vorstellen können. Man könnte sie noch anders benennen, indem man von einem statischen Prinzip, einem dynamischen Prinzip und einem neutralisierenden Prinzip spricht. Es ist das Gesetz der Triade, so wie wir es vor kurzem kennen gelernt haben. Es gibt immer eine gegebene statische Basis, dann eine Bewegung, eine Dynamik, die sich manifestiert, damit es eine Evolution gibt und eine ausgleichende Bewegung, die ein Gleichgewicht schafft oder die Bewegung neutralisiert. Wenn Sie diese drei Prinzipien verstehen, können Sie alles verstehen, sowohl in der Schöpfung als auch im täglichen Leben. Alles folgt diesen drei Prinzipien. Es gibt eine Basis, etwas das sie in Bewegung bringt, und Elemente die verhindern, dass diese Bewegung immer in die gleiche Richtung geht, entweder durch Neutralisierung oder Ausgleichung.

Frage: Entspricht das dem Yin, Yang und dem Tao?

– Das Tao ist nicht das dritte, es umhüllt die zwei anderen. In allen Theorien, die auf einem Dualismus bestehen, fehlt etwas. Diese Philosophie entspricht einem Element der Vergangenheit.

✧

DIE ENTWICKLUNG DER VERSCHIEDENEN ZENTREN

07.07.92

Die verschiedenen Zentren (zur Erinnerung)

Sie erinnern sich, dass die verschiedenen Funktionen ein Aspekt sind, unter dem man den Menschen studieren kann. Heute Abend werden wir versuchen zu verstehen, wie sich die Funktionen mit der Zeit entwickeln.

Eine kurze Wiederholung über die verschiedenen Zentren: Das intellektuelle Zentrum befindet sich im höchsten Teil des Körpers, dem Kopf, das emotionale Zentrum im mittleren Teil und das physische Zentrum, das sich im unteren Teil befindet, ist wiederum zusammengesetzt aus einem instinktiven, motorischen und sexuellen Teil. Wir haben gesehen, dass man diese verschiedenen Zentren noch in weitere Teile aufgliedern kann, aber diesen Aspekt werden wir heute Abend nicht weiter besprechen.

Diese Zentren entwickeln sich weder zur gleichen Zeit noch in der gleichen Geschwindigkeit. Beginnen wir mit dem unteren Teil, dem physischen Zentrum:

Das motorische Zentrum – seine quantitative und qualitative Entwicklung

Bei der Geburt ist der instinktive Teil des physischen Zentrums schon sehr weit in seiner Entwicklung vorangeschritten, etwa zu 75%. Im Gegensatz dazu ist der motorische Teil, der die physischen Bewegungen ermöglicht, noch wenig entwickelt, etwa zu 25%. Die Bewegungsfähigkeit entwickelt sich mit zunehmendem Alter, und dies nicht nur quantitativ sondern auch qualitativ: Das Baby lernt immer mehr Bewegungen, und gleichzeitig vollbringt es diese auch immer besser. Zuerst geht es auf allen Vieren, dann beginnt es auf zwei Beinen zu stehen, zu schwanken, und nach und nach wird sein Gang immer sicherer. Die Bewegungen verfeinern sich in dem Maße, wie spezielle Bewegungsabläufe erlernt werden.

Durch die Verfeinerung des motorischen Zentrums lernt der Akrobat immer besser das Gleichgewicht zu halten, der Jongleur lernt immer besser seine eigenen Bewegungen und die der Objekte zu beherrschen. Genauso erspürt der Geigenspieler immer besser die richtigen Bewegungen, und der Pianist lernt immer mehr in der Bewegung seiner Finger zu leben. Derselbe Vorgang findet bei den Handwerkern und allgemein bei allen statt, die lernen, ihre Bewegungen immer besser zu beherrschen und zu verfeinern.

Es gibt unzählige Arten, sich zu bewegen, manchmal ist es auf die Erziehung zurückzuführen, manchmal auf das Temperament. Menschen mit nervösem Temperament bewegen sich im Flur wie Herr Aïssel, wenn er nicht gerade wieder Knieschmerzen hat. Andere Menschen ziehen ihre Füße beim Gehen hinterher. Die Art sich zu bewegen hängt auch mit dem Sternzeichen zusammen: Schauen Sie sich die Waagen an, mit welcher Eleganz sie durch den Saal gehen, betrachten Sie die Widder, mit welcher Lebendigkeit, mit welcher Kraft sie durchs Leben gehen. So entwickelt sich das motorische Zentrum bei den Menschen unterschiedlich.

Noch ein anderer Gesichtspunkt: Schauen Sie, wie unbeholfen der Schüchterne sich bewegt. Sobald man ihn anschaut, weiß er nicht mehr wohin mit seinen Händen und Füßen. Da sehen wir, in welchem Maße psychologische oder geistige Aspekte das motorische Zentrum beeinflussen, weil sich, wie wir gesehen haben, im motorischen Zentrum ein emotionaler und ein intellektueller Teil befindet. Der Unterschied zwischen den Menschen hängt also mit der unterschiedlichen quantitativen und qualitativen Entwicklung des motorischen Zentrums zusammen.

Das emotionale Zentrum: eine ursprüngliche Reinheit wurde verdorben

Mit dem Blick eines Hellsichtigen betrachtet, erscheint das emotionale Zentrum eines Neugeborenen in einer gewissen Reinheit. Sehr schnell jedoch verliert sich diese ursprüngliche Reinheit durch die Erziehung und aufgrund aller möglichen Formen der Konditionierung. Sie wird entweder durch eine harmonische Erziehung oder durch negative Konditionierungen ersetzt. Jedenfalls kann man sehr schnell mit Mitteln wie der Psychoanalyse feststellen, dass dieses emotionale Zentrum verdorben wurde. Tatsächlich treten alle Konditionierungen, die das Kind seit seiner Geburt erfahren hat, nicht in das intellektuelle sondern in das emotionale Zentrum ein und beeinflussen schließlich sogar den physischen Körper. Es handelt sich beispielsweise um all die Konditionierungen und Aussprüche der Art: «Man muss, du sollst...»

Frage: Was verstehen Sie unter rein?

– Eine Sache, die noch nie mit anderen Dingen in Berührung gekommen ist, etwa ein unbenutzter Film.

Zuhörer: Aber selbst ein Kind, das sich noch im Bauch der Mutter befindet, erfährt schon manche Eindrücke.

– In der Tat ist das emotionale Zentrum nicht ganz unberührt. Einerseits hat es schon Einflüsse während des vorgeburtlichen Lebens bekommen. Andererseits wissen wir, dass es durch vergangene Inkarnationen bereits strukturiert wurde. Dies lassen wir aber im Moment außer Acht. Es ist nicht notwendig, an die Reinkarnation zu glauben, um das zu verstehen, was heute Abend gesagt wird.

Zuhörer: Dieses «du musst, du sollst» greift doch nicht direkt nach der Geburt eines Kindes, sondern erst später während der Erziehung.

– Es hat seinen Einfluss von dem Moment an, ab dem die Mutter ihr Kind anschaut. Sie schaut mit frohen oder traurigen Augen, und das Kind reagiert schon darauf. Hier beginnt es. Diese Befehle, wie «du musst, du sollst» werden nicht unbedingt durch die Sprache übertragen. Es gibt viele unterschiedliche Möglichkeiten sich auszudrücken. Erinnern Sie sich, dass manchmal schon ein Blick Ihres Vaters oder Ihrer Mutter ausreichte, um Sie so sehr in Verlegenheit zu bringen, dass Sie Ihren Fehler gestanden haben.

Die ursprüngliche Reinheit durch einen inneren Weg wiederfinden

Aus einer gewissen Sicht ist das emotionale Zentrum entartet, und wir werden sehen, dass der Ursprung dieser Entartung alle negativen Gedanken und Emotionen sind, die wir während unserer Jugend und auch im Erwachsenenalter hatten. Darüber sprechen wir später. Es ist aber immerhin möglich, diese ursprüngliche Reinheit wiederzufinden. Über eine Arbeit an sich selbst ist es möglich, das emotionale Zentrum zu reinigen. Diese Arbeit nennt man «esoterisch» oder «geistig» oder «den inneren Weg», der vor allem das reinigt, was sich im emotionalen Zentrum angesammelt hat. Diese Arbeit vollzieht sich durch einen meditativen Weg, einen Weg der Erkenntnis, eine praktische Umsetzung wie in Form des «achtfachen oder sechsfachen Weges» oder der Anwendung der christlichen Tugenden. Dabei ist es weniger wesentlich, welchen der Wege man wählt.

Zur Entdeckung des Höheren in sich

In Wirklichkeit ist beim gewöhnlichen Menschen, also jenem, der nicht auf einem Weg zu sich selbst ist, das emotionale Zentrum sehr wenig entwickelt, sehr viel weniger als das physische Zentrum. Der gewöhnliche Mensch kann in seinem emotionalen Zentrum nur eine sehr geringe Auswahl von Gefühlen und Emotionen empfinden. Die Entwicklung gewisser Eigenschaften des intellektuellen Zentrums – oder sogar verschiedener Sinneseigenschaften physischer Natur – erhöht aber gleichzeitig quantitativ und qualitativ die Kapazitäten des emotionalen Zentrums. Wie ich schon vorher gesagt habe, erlaubt eine meditative Arbeit dem emotionalen Zentrum nicht nur sich zu reinigen, sondern auch sich weiter zu entwickeln. Die Meditation, wie ich sie beispielsweise lehre, ist vor allem ein Horchen in sich selbst, mit dem Ziel sich zu reinigen, um das Ich von allem Künstlichen und Negativen zu befreien. Es ist also die Reinigung von allem Niederen, um so das Höhere in uns zu entdecken. Von einem anderen Standpunkt aus betrachtet erlaubt diese Arbeit höheren Wesen Platz zu schaffen und sich in uns zu offenbaren. Für einige ist dies das Warten auf die Offenbarung Gottes oder höherer Wesen, für andere ist es ein Hören auf sein höheres Ich. Es spielt keine Rolle, wie Sie es nun nennen wollen.

Die Entwicklung des emotionalen Zentrums Eine religiöse oder künstlerische Nahrung

Unsere Gesellschaft hat die Entwicklung des intellektuellen Zentrums gefördert, was zu einer Verarmung des emotionalen Zentrums geführt hat. Dies ist der Grund, warum man sich überhaupt nicht wundern muss, dass sich so wenig Menschen für einen geistigen Weg interessieren, der die Entwicklung der drei Zentren notwendig macht: sowohl das physische Zentrum, das mit den Sinnesorganen zusammenhängt, als auch das intellektuelle Zentrum, das uns ermöglicht zu verstehen, um dann ein Gespür für das Emotionale und für die Sinne zu bekommen. Ein richtiger Weg gibt uns die Möglichkeit des Kennenlernens, um anschließend die Dinge besser erfühlen zu können.

Eine Entwicklung, die eine Erziehung benötigt
Das Schöne lernen

In Wirklichkeit benötigt unser emotionales Zentrum genauso wie unser intellektuelles Zentrum eine Erziehung. Nun wurde aber in unserer Gesellschaft seine Entwicklung dem Zufall überlassen. Sie erinnern sich, dass wir beim Untersuchen des Menschen unter einem anderen Aspekt gesagt hatten, dass die menschliche Seele oder der Astralkörper, der einem Teil des emotionalen Zentrums entspricht, eine Nahrung benötigt, die entweder in Form einer religiösen Unterrichtung erfolgen sollte, wobei es keine Rolle spielt, welcher Religion man angehört, oder in Form einer künstlerischen Unterrichtung. Nun bevorzugt unsere Gesellschaft aber alle Bereiche, die das intellektuelle und physische Zentrum ansprechen. Für jemanden, der einen spirituellen Weg, einen Weg zu sich selbst gehen will, ist es absolut notwendig zu wissen, dass er seinem emotionalen Zentrum eine Nahrung geben muss, entweder durch eine religiöse Unterrichtung, die, wenn sie richtig ist, auch immer eine künstlerische Dimension enthält, oder durch künstlerisches Arbeiten.

Man kann sich genauso gut erziehen, wenn man sich Malereien auf eine richtige Weise anschaut oder Musik richtig hört. Man kann lernen, die Dinge richtig zu tun, obwohl die verbreitete Meinung oft ist, dass dies falsch sei. Jemand, der nicht gelernt hat, richtig zu fühlen, zu schauen, zu hören, geht an einem Reichtum vorbei, den er nicht schätzen kann. Aber das kann man lernen. Die Schönheit ist eine der Kräfte, die die Welt geschaffen und geformt hat. Man muss sie erst in der Umgebung suchen, bevor man sie als eine formende Kraft der Welt wahrnehmen kann. Für manche werden es die Blumen oder Wolken sein, für andere ist es die Musik oder das Betrachten eines Gemäldes. Natürlich weiß jemand, der nie ein Interesse für diese Dinge entwickelt hat, nicht, dass ihm diese Schönheit fehlt. Dieses Annähern an die Schönheit durch die Kunst kann schon für sich allein ein Erkenntnisweg sein. Wissen

Sie, wenn man unseren Zeitgenossen den Spaß, das Leiden, die Liebe und den Hass wegnimmt, bleibt nicht mehr viel an Emotionen und Gefühlen übrig. Vielleicht bleibt noch ein wenig Angst, ein wenig Hoffnung, aber ansonsten nicht mehr sehr viel: Und das obwohl das emotionale Zentrum an sich die Möglichkeit hat, sowohl qualitativ als auch quantitativ einen außergewöhnlichen Reichtum an Emotionen und Gefühlen zu entfalten.

Sobald man diesen Reichtum an innerem Gelebten berührt, gelangt man zu einem Weg, einem Weg zu sich selbst, ein Erkenntnisweg. Sie verstehen nun, dass für diejenigen unter Ihnen, die auf einem inneren Weg sind, die Reinigung und die Entwicklung des emotionalen Zentrums für eine lange Strecke des Weges gewiss das wichtigste Ziel sein wird. Die Methoden, die man dazu benutzt, hängen aber nicht immer direkt und erkennbar mit dem Emotionalen zusammen. Auf einem Erkenntnisweg, der erst über das intellektuelle Zentrum führt, gibt es auch die Möglichkeit des Erwachens. Wenn Sie verstanden haben, was ich eben sagte, selbst wenn Sie überhaupt keine Wahrnehmung für die Kunst haben, werden Sie nach diesem Vortrag trotzdem einen neuen Blick für die Kunst, für Gemälde oder für die Natur bekommen. Und wenn Sie dann in Ihrem Auto eine Kassette hören, wird das Musikhören für Sie anders sein.

Für jemanden, der auf einem Weg ist, ist es eine Notwendigkeit, sein emotionales Zentrum umzuwandeln, da sich in ihm eine große Menge negativer Gefühle befinden, die uns oft das Leben verderben und unsere Umgebung belasten. Diese Umwandlung ist unter der Bedingung möglich, dass man sie wirklich will und dass man die richtigen Mittel benutzt, um zum Ziel zu gelangen: Meditation, ein Schulungsweg, die richtige Kunstbetrachtung sowie das richtige Musikhören führen zu einer harmonischen Entwicklung dieses Zentrums.

Das intellektuelle Zentrum
Die krankhafte Vergrößerung des intellektuellen Teils

Kommen wir jetzt zum höher gelegenen Zentrum der menschlichen Natur, dem intellektuellen Zentrum. Bei den Neugeborenen ist es im embryonalen Stadium und entwickelt sich während des ganzen Lebens. Unglücklicherweise ist es beim durchschnittlichen westlichen Menschen zu sehr entwickelt. Man kann sogar sagen, dass es krankhaft vergrößert ist. Manche Intellektuelle oder Wissenschaftler denken sogar, dass nichts anderes existiert. In Wirklichkeit handelt es sich nicht um eine Vergrößerung des ganzen Zentrums, sondern nur um eines seiner Teile. Sie erinnern sich, dass man die Zentren in einen positiven und einen negativen Teil unterteilt und jeden von ihnen in je drei Sektoren. Im intellektuellen Zentrum ist ein Sektor rein intellektuell, ein anderer intellektuell und physisch, der dritte intellektuell und emotional. Aus diesem Grund kommt es beispielsweise vor; dass wir eine Emotion verspüren, wenn wir etwas verstehen. Beim durchschnittlichen westlichen Menschen dominiert der rein intellektuelle Teil und unterdrückt bei seinem Voranschreiten die anderen Teile. So kommen völlig starre Intellektuelle zur Welt, die keine Emotionen mehr empfinden. Sie sind beispielsweise dazu in der Lage Tierversuche durchzuführen, ohne sich auch nur dessen bewusst zu sein, wie grausam sie handeln und wie sehr sie die Tiere quälen. Die krankhafte Vergrößerung dieses Teils des intellektuellen Zentrums fegt alle Emotionen beiseite und nach und nach endet es damit, dass sie sogar aus dem emotionalen Zentrum verschwinden. Es bleiben nur Emotionen übrig, die mit einer gewissen Gefühlsduselei zusammenhängen, was manchmal noch schlimmer ist, als ein Mangel an Emotionen. Außerdem funktionieren normalerweise diese Zentren bei Menschen, die nicht auf einem inneren Weg arbeiten, automatisch.

Dies ist hauptsächlich beim intellektuellen Zentrum der Fall, wenn es nicht durch andere Impulse erfüllt wird, die an das emotionale Zentrum gebunden sind (religiöse, spirituelle oder künstlerische Einflüsse).

Frage: Muss man den Intellekt benutzen, um das emotionale Zentrum zu reinigen?

Bewusst werden um frei zu sein

– Ich denke nicht, dass es möglich ist, das emotionale Zentrum auf rein emotionalem Wege zu reinigen. Es ist notwendig, ausgleichende Kräfte eintreten zu lassen, über den Intellekt durch einem Weg der Erkenntnis oder über das Körperliche, in einem physischen Weg, der die Sinnesorgane zur Erkenntnis benutzt. Heutzutage hat der Mensch seinen Geist bis zu einem Punkt entwickelt, an dem er ein klares Bewusstsein der Dinge braucht. Deswegen muss man versuchen, sich alles, was aus dem emotionalen und physischen Bereich stammt, bewusst zu machen, um sich einen Funktionsablauf in wirklicher Freiheit zu ermöglichen. Verstehen Sie, die Menschen verwechseln oft Freiheit mit Anarchie. Wer ist wirklich frei? Nur die Meister sind frei. Ein Mensch, der lernt zu malen, ist nicht frei, er ist ein Gefangener seiner Technik oder seines Mangels an Technik, er ist gefangen von seinem Pinsel, seinen Farben, die er nicht richtig handhaben kann. Jemand, der nach einer langen Unterrichtung ein Meister in der Kunst der Malerei geworden ist, hat die Fähigkeit zur Freiheit und zur wahren Schöpfung. In allen Bereichen der menschlichen Aktivität ist die Freiheit immer am Ende eines Weges, nie am Anfang. Aber heutzutage verlangt die Menschheit die Freiheit sofort.

Wahrhaft menschlich werden, das heißt «wie Götter»

Um die Zentren harmonisch und ausgeglichen funktionieren zu lassen, besteht die Notwendigkeit, gewisse Impulse einzuführen. Dies alles zeigt Ihnen Dinge auf, die Sie von mir schon öfter gehört haben, unter einem anderen Aspekt:

Der Mensch ist ein unvollständiges Wesen, er ist nicht vollständig entwickelt. Man kann sagen, dass der wahre Mensch gar nicht existiert. Er existiert nur, wenn wir entscheiden, ihn existieren zu lassen, wenn wir all unsere Zentren entwickeln. Dann wird nach und nach der wahre Mensch, der wir sein können, geboren werden. Dann wird der Ausspruch von Jesus Christus an Nikodemus eine Realität: «Man muss von neuem geboren werden, ein zweites Mal.» Nicht als unvollständiges Wesen, so wie die Natur uns zurückgelassen hat, sondern so wie uns ein innerer Weg werden lassen kann. Der Mensch kann geboren werden und sterben, ohne dass er seiner Natur etwas Neues hinzugefügt hat. Die meisten Menschen, die sogenannten gewöhnlichen Menschen leben auf diese Art. In der Tat leben sie gut, angeblich gut, mit dem mechanischen Funktionieren ihrer Maschine. Aber sie werden nie vollständig menschlich sein, sie verwirklichen nicht ihre wahre Menschlichkeit. Für den Blick des Erleuchteten ist diese Vision wahrscheinlich die traurigste, die es gibt, weil er wahrnimmt, dass die Menschen ihre kosmische Dimension nicht kennen und nicht in der Lage sind, mit den Kräften, die die Menschheit und das Universum führen, in Kontakt zu treten: die Kräfte der himmlischen Hierarchien. Man kann sagen, dass der Mensch erst wirklich Mensch wird, wenn er es erreicht hat, seine verschiedenen Zentren zu entwickeln, damit diese dann den höheren Zentren zum Entstehen verhelfen: das höhere intellektuelle und das höhere emotionale Zentrum erschaffen dann eine Verbindung zu den Kräften, die über uns stehen. Nietzsche sagte: «Der Mensch ist nichts, er muss ein Übermensch werden.» Dieser Ausspruch wurde dann leider häufig falsch interpretiert. Wenn der Mensch wahrhaft Mensch wird, entspricht er der Aufforderung des neuen Testaments: «Werdet Götter.» Dies ist die Arbeit, zu der wir berufen sind, dies ist der innere Weg. Unsere Möglichkeiten sind enorm, aber sie sind nichts, wenn wir nichts tun, um sie zu entwickeln. Der Weg, die Kenntnis, die Meditation sind die Mittel, eine Verbindung zwischen dem Menschen und den Wesenheiten zu erschaffen, die ihn übertreffen.

Zuhörer: Während Sie vom gewöhnlichen Menschen sprachen, sagten Sie, dass er sein emotionales Zentrum sehr wenig entwickelt hat. Trotzdem scheint es, dass der gewöhnliche Mensch hauptsächlich durch dieses Zentrum funktioniert.

– Er reagiert mit dem emotionalen Zentrum, jedoch mit einer extrem reduzierten Palette von Emotionen, die vor allem negativ sind. Auf jeden Fall reagiert er mit gestörten emotionalen Reaktionen, wie der Eifersucht beispielsweise. Dennoch funktionieren wir in der Regel so. Aber dies ist nur ein winziger Teil des emotionalen Zentrums. Viel öfter stammen die Emotionen vom physischen Teil des emotionalen Zentrums. Alles vermischt sich, und in Wirklichkeit lebt da nichts Höheres in uns. Oft sind die scheinbar idealistischen und höchsten Motivationen der gewöhnlichen Menschen in Wirklichkeit traurige Emotionen oder Gefühle, wenn man deren wahren Motive wahrnimmt.

Zuhörer: Die leidenschaftliche Liebe beispielsweise wird oft als Entschuldigung für Eifersucht und für Verbrechen aus Leidenschaft betrachtet.

– Ja, wir hatten darüber schon an dem Abend gesprochen, als wir das Thema Sexualität behandelt haben. Man scheint die Leidenschaft als höheres Gefühl einzustufen und entschuldigt damit einen Mord. Doch gibt es darin nichts Höheres, sondern nur etwas furchtbar Trauriges, denn es kann den Menschen zu den schlimmsten Extremen führen.

Um die Welt zu ändern, sich selbst ändern

Erst wenn der Mensch anfängt, ein Band zwischen den höheren Kräften und sich selbst im emotionalen Zentrum zu erschaffen, hat er die Möglichkeit sich umzuwandeln, anders zu werden. Nur unter der Bedingung sich selbst zu ändern, kann er die Welt ändern. Jedoch will man meist nur die Welt, den Nachbarn, die anderen ändern, oft sogar aus guten Gründen. Dies ist schon so seit dem Bestehen der Menschheit, und es hat noch nie etwas Gutes gebracht. Die einzige wahrhafte Änderung ist diejenige, die wir an uns selbst unternehmen. Und wenn wir beginnen, diese Veränderung in uns selbst zu verwirklichen, gibt es eine Chance, dass sich auch die Welt um uns herum verändert. Wir können die Welt verändern, aber nur diejenige, die uns ganz nah ist, sonst nichts. Alles andere ist Illusion der philosophischen, politischen und religiösen Theorien, die noch nie die Welt gerettet haben – ganz im Gegenteil.

Ein enger und steiniger Weg

Jemand, der sich auf einem inneren Weg befindet, ist berufen, sich zu den Kräften über ihm zu erhöhen, zu den göttlichen Wesenheiten und zu Gott. Da aber beginnt die Schwierigkeit. Man versteht, man beschließt sich zu ändern, und dann steht man plötzlich sich selbst, also allem Gewöhnlichem gegenüber.

Denn der Weg ins Himmelreich ist eng und steinig, der Weg sich zu verlieren ist breit und weitläufig. Die ganze Schwierigkeit kommt von unserer Persönlichkeit. An diese wende ich mich heute Abend. Meine Worte werden aber leider nur von Ihrer anderen oberflächlichen Persönlichkeit verstanden. Was ich allerdings fühle, was ich wahrhaft denke, richtet sich an Ihre Essenz. Die oberflächliche Persönlichkeit ist durch einige Qualitäten und Fehler charakterisiert, hauptsächlich aber durch zwei Elemente: Ihren Egoismus und Ihren Hochmut, und beide hindern uns daran, vorwärts zu kommen, zu dem, was am Tiefsten in uns ist und noch schläft.

Jenseits von Egoismus und Hochmut
Die Gabe seiner selbst

Das Paradoxe daran ist, dass nur unsere Persönlichkeit diese Arbeit machen kann. Um tiefer zu unserem wahrhaften Ich zu gelangen, können wir uns nur unserer Persönlichkeit bedienen, und dennoch hindert sie uns daran, tiefer in uns zu gehen. Daher muss die Persönlichkeit in allen Bereichen das Geben lernen, nicht nur im Materiellen und Physischen. Sie muss die Gabe des Seins und die Demut lernen. Diese zwei Elemente fehlen uns am meisten und wenn wir uns mit Ehrlichkeit betrachten, werden wir feststellen, dass es so ist. Lernen zu geben bedeutet, gegen Egoismus und Hochmut zu kämpfen. Es heißt auch zu lernen, «weniger reich» zu sein. Erinnern Sie sich an die Geschichte des jungen Mannes, der sich Jesus Christus näherte und ihm folgen wollte. Die Evangelien berichten, dass dieser Mann sehr reich war, das heißt reich im materiellen Sinne, er stammte aus einer angesehenen Familie und glaubte, viele Kenntnisse zu besitzen. Wir sind manchmal von unseren intellektuellen Kenntnissen sehr überzeugt. Wir müssen uns vor allem von dieser Art Reichtum, diesem Egoismus und diesem Hochmut und von all unseren falschen Werten befreien.Wir befinden uns in einer Epoche, in der dies alles zu einer dringlichen Notwendigkeit geworden ist, und wenn es nicht heute genügend Menschen gibt, die sich dessen bewusst werden, kann man um die Zukunft der Menschheit nur besorgt sein. Ich denke da an die Worte von Jesus Christus, die uns durch den Evangelisten Johannes mitgeteilt wurden: «Ich muss wirken die Werke dessen, der mich gesandt hat, solange es Tag ist; es kommt die Nacht da niemand wirken kann.» Dies war vor 2000 Jahren und diese Nacht ist vielleicht viel näher, als man es sich vorstellen kann. Man muss arbeiten, solange es noch Tag ist, denn bald wird es zu spät sein. Das ist der Ruf all jener, die einen geistigen Weg unterrichten: Sie wissen um die Dringlichkeit.

Frage: Wie kann man auf richtige Art und Weise an die Essenz gelangen, wo man doch durch die Persönlichkeit gehen muss, die so viele Fehler aufweist?

– Wissen Sie, man kann sich sagen: «Ich habe dreckige Hände», und man lässt Wasser in ein Becken ein, um sie sich zu waschen. Man muss hoffen, dass es eine ausreichende Menge an sauberem Wasser gibt, damit die Hände sauber werden. Darin besteht der Widerspruch in der Arbeit an sich selbst, wir haben nur unvollkommenes Werkzeug, um eine Art Perfektion zu erreichen.

BEDINGUNGEN, EINEN WEG ZU BEGINNEN

14.07.92

Die Entwicklung der höheren Zentren Eine Logik entsprungen aus höherem Geist, die nicht auf die menschliche Logik reduziert werden kann

Für jene, die sich wirklich für Spiritualität interessieren, ist es notwendig, zu verstehen, dass es fundamentale Unterschiede gibt zwischen den Kenntnissen, die man als menschlich bezeichnen kann – soziale, politische, wissenschaftliche, religiöse und philosophische Theorien – und der Geisteswissenschaft. Erstere stammen aus dem abstrakten Intellekt oder teilweise aus menschlichen Gefühlen, und selbst wenn sie sehr tiefgehend oder sogar genial erscheinen, sind sie trotzdem begrenzt, da sie dem menschlichen Gehirn entspringen, also einer Mechanik, die zwar manchmal bewundernswert ist, aber doch immer eine Mechanik bleibt.

Frage: Geniale Ideen stammen also nicht unbedingt aus einer Inspiration?

– Das Problem ist die Unterscheidung: Welches sind wahre Kenntnisse, die aus höherem Geist stammen und welche kommen aus der manchmal sogar genialen Mechanik eines menschlichen Gehirns?

Die spirituelle oder esoterische Kenntnis entstammt keinem menschlichen Gehirn, sondern höherem Geist, und auf keinen Fall kann man sie mit normalen Kenntnissen vergleichen, die häufig in sich widersprüchlich sind. Das wahre esoterische Wissen beinhaltet alle und übertrifft sie. Der esoterische oder geistige Gedankengang übertrifft alle anderen Arten von Gedanken. Dieses Wissen hat eine eigene Logik, eine höhere Logik. Ganz einfach aus dem Grund, weil es aus höherem Geist stammt. Jemand, der die Existenz eines höheren Geistes nicht erkennen will, kann meinem Gedankengang nicht folgen. Man kann dieses höhere Wissen nicht mit irgendeinem anderen vergleichen. Tut man es trotzdem, setzt man es herab auf ein sehr niedriges Niveau mit der Konsequenz, dass man sich nur verwirrt. Denn durch diesen Prozess wird die Wahrheit, die in diesem Wissen steckt, verfälscht, und ihrer wahren Natur beraubt. Der moderne Mensch hat die Religion entweiht, indem er sie auf sein menschliches Niveau heruntergezogen hat. Dadurch hat er das Band mit der höheren Welt zerschnitten, er hat das Heilige entheiligt. Dies ist der Grund für die Dekadenz der Religionen und deren vorbestimmtes Ende.

Die Unterrichtung des Vierten Weges stammt aus höherem Geist. Man muss den Willen haben sie zu verstehen, man darf sie nicht mit dem vergleichen, was bereits existiert.

Die Risiken der Destabilisierung und die Infragestellung seiner selbst

Eine Bedingung für den Beginn auf einem geistigen Weg besteht darin, den Unterschied zu verstehen zwischen den Formen des Wissens, das nicht aus höherem Geist entstammt und der esoterischen Logik. Wenn man diese Idee nicht ständig präsent hat, wird man bei der kleinsten Gelegenheit alles in Frage stellen, und die kleinste Schwierigkeit im Leben wird einen aus dem Gleichgewicht bringen.

Oft verliert man auch einen wesentlichen Punkt aus den Augen: das Ziel, das man sich gesetzt hat. Eines Tages ist einem klar geworden, dass der Zustand, in dem man sich befand, unvollkommen war und hat beschlossen, ihn durch das Erlangen einer Kenntnis und eine Arbeit an sich selbst zu verbessern. Zu vergessen, in welchem Zustand der Unvollständigkeit man sich befindet und welchen Zustand der Perfektion man anstrebt, zu vergessen, dass diese Kenntnis aus höherem Geiste stammt, also aus etwas, das perfekter ist als man selbst, birgt die Gefahr in sich, aus dem Gleichgewicht gebracht und gebremst zu werden und kann sogar dazu führen, dass man den Weg verlässt.

Ein Mensch, der sich auf einem Weg befindet, ist gefährdet, durch das Infragestellen des spirituellen Weges destabilisiert zu werden, da er sowohl die Gewissheit der Dinge als auch eingebildete Sicherheiten verloren hat. Wenige Dinge genügen schon, um ihn aus dem Gleichgewicht zu bringen und die erstbeste Diskussion mit einem Intellektuellen kann schon Anlass genug sein, alles in Frage zu stellen. Da die Logik der gewöhnlichen Menschen in unserer Zeit im Wesentlichen nur eine wissenschaftliche, ahrimanische und fast in sich selbst perfekte Logik ist, ist sie viel leichter zu handhaben, weil sie nur Überlegungen binärer Art gelten lässt. Versuche, jemanden zu überzeugen, der mit dieser Logik denkt, enden so, als ob man auf eine Mauer prallen würde. Deshalb verlangt man auch immer von Menschen, die einen Weg befolgen, Schweigen zu bewahren, damit sie nicht Schwierigkeiten bekommen, die vollkommen unnötig sind. Der Weg an sich ist schon schwierig genug, ohne dass man noch die Überlegungen von anderen mit hineinmischt.

Die Bedingungen einen Weg zu beginnen
Schweigen
Seiner Schwierigkeiten und Möglichkeiten bewusst werden

Schweigen ist die erste Bedingung, um einen spirituellen Weg zu beginnen. Als zweites muss der Suchende seine eigenen Schwierigkeiten verstehen, die Notwendigkeit, eine Arbeit an sich selbst zu beginnen. Insbesondere muss er ein Verständnis für seine Möglichkeiten entwickeln, die natürlich für jeden Menschen unterschiedlich sind, je nach seinem früheren

Karma. Dieses kann man ganz individuell erforschen. Man muss in der Lage sein, seine Schwierigkeiten zu verstehen, ohne sie vor sich selbst zu verbergen und ohne sie zu verdrängen. Man akzeptiert, dass sie in das Bewusstsein aufsteigen, um sie betrachten zu können. Dies ist die einzige Möglichkeit, sie umzuwandeln und auch zu entdecken, wie weit man gehen kann.

Der Wunsch, sich zu ändern
Verstehen, was gelehrt wird

Die dritte Bedingung ist der wahrhaftige Wunsch, seinen derzeitigen Zustand zu ändern und aus den Schwierigkeiten herauszukommen, in denen man sich befindet.

Jemand, der mit seinem Zustand vollkommen zufrieden ist, hat nichts zu lernen, zu ändern oder zu verstehen. Der Wunsch zur Änderung muss sehr stark sein. Ist man allerdings mit dem zufrieden, was man ist, kann die dritte Bedingung auch ein starkes Interesse an einem höheren Zustand sein. Man muss in der Tat verstanden haben, dass der Mensch, in welchem Zustand er sich auch befindet, unvollkommen ist, und dass man darüber hinauskommen kann.

Die vierte Bedingung ist, dass man ganz einfach in der Lage sein muss, das Gelehrte zu verstehen.

Zeit und Rhythmus

Die fünfte Bedingung ist, über genug Zeit zu verfügen, um das Wissen und sich selbst zu studieren. Jemand, der keine Zeit hat, kommt nicht voran, er kann nichts tun. Die Bedingungen sind für jeden verschieden, über genügend Zeit muss man aber verfügen. Jemand, der seinem Weg nicht jeden Tag eine Viertelstunde widmen kann, sei es für die Meditation oder für das Studium, kann nicht vorankommen. Zusätzlich ist auch noch ein Rhythmus notwendig. Wenn es in der Zeit keinen Rhythmus gibt, ist es ganz so, als ob die Zeit nicht existiere. Zeit und Rhythmus sind also die fünfte Bedingung.

Die richtige Umgebung für das Studium

Die sechste Bedingung besagt, dass man sich in der richtigen Umgebung befinden muss, um studieren zu können. Darin ist nichts Theoretisches, sondern es basiert auf Kenntnissen, die so alt sind wie die Welt, und auf den Beobachtungen von Menschen, die einen geistigen Weg schon gegangen sind. Keine dieser Bedingungen darf von demjenigen vernachlässigt werden, der einen inneren Weg befolgt, sonst wird sich dies früher oder später gegen ihn selbst stellen und zu einem Hindernis werden.

Die Möglichkeit, in eine Schule einzutreten

Die siebte Bedingung ist die Möglichkeit, in eine Schule einzutreten, um einer Unterrichtung folgen zu können. Dies ist ein Punkt, den man heutzutage nur schlecht verstehen kann, da jeder meint, er sei in der Lage, auf seinem Weg auch alleine voranzukommen. Man denkt, man sei dazu alt genug, intelligent genug und frei genug. Wenn man aber verstanden hat, dass man immer nur in Mechanismen funktioniert, begreift man, dass es unmöglich ist, alleine aus ihnen herauszukommen. Der Glaube, alleine Fortschritte machen zu können, ist immer eine Illusion.

Was bedeutet es, in eine Schule einzutreten? Wenn Sie am Ende der Welt wohnen, ist es natürlich schwierig sich ohne Fahrzeug zu einer Schule zu begeben. Es ist also auch eine Frage der Umgebung. Außerdem müssen Sie auch in einer Schule angenommen werden.

Mehr und mehr ein geregeltes Leben führen Äußeres Chaos spiegelt inneres Chaos wieder

Wir haben schon von der Wichtigkeit des Rhythmus gesprochen, ohne den die Zeit nicht existieren kann. Die achte Bedingung bedeutet, mehr und mehr ein geregeltes Leben zu führen, sowohl im familiären als auch im sozialen Bereich, und für einige auch im Berufsleben. Sollte dies nicht der Fall sein, ist es unmöglich, auf einem inneren Weg voranzukommen, denn unter dem Vorwand der Ungebundenheit von Familie, sozialem und beruflichem Umfeld versteckt sich nur der Wille des Chaos. Das äußere Chaos ist in Wirklichkeit nur der Spiegel des inneren Chaos, und wenn man es nicht schafft, Ordnung in seine niederen Zentren zu bringen, ist es sicher, dass man auch niemals seine höheren Zentren aktivieren kann.

Einen gewissen Bildungsstand haben

Die neunte Bedingung besteht darin, einen gewissen Bildungsstand zu besitzen. Ohne Bildung ist es unmöglich, die Unterrichtung zu verstehen. Diese muss man nicht unbedingt schon am Anfang besitzen, aber man muss sie erwerben. Dies ist im Prinzip das Ziel der Kurse und der Anregungen, die privat gegeben werden.

Zehnte Bedingung: über genügend Freiheit verfügen

Die zehnte Bedingung verbindet einige der vorangegangenen: Man muss über genug Freiheit verfügen. Widerstand oder Zwang kann aus dem familiären oder sozialen Bereich kommen, in manchen Ländern kann er auch durch Religion oder Politik ausgeübt werden.

In der Familie kann es so aussehen, dass einen die Eltern oder die Kinder unter Druck setzen, oft ist es auch der Druck eines Ehepartners, der einen nicht verstehen will. Jemand, der für sich keine ausreichende Freiheit schaffen kann, indem er sich bemüht, seine Lage zu klären, bleibt in der gleichen Situation und kann nicht vorankommen. Es kann aber auch in der Logik der Dinge liegen, dass sein Weg über eine Trennung führt. Um das ausleben zu können, was in einem selbst steckt, oder einfach um sich zu entfalten, genügt aber schon eine gegenseitige Toleranz.

Unumgängliche Bedingungen

Dies sind alle erforderlichen Bedingungen, um auf einem Weg voranzukommen. Jemand, der es nicht erreicht, diese alle miteinander zu verbinden, kann nicht weiterkommen. Er kann einer theoretischen Unterrichtung folgen und einige Kenntnisse anhäufen, er kann im Bereich des Wissens voran-kommen, aber nicht im Bereich des Seins, der ein notwendiger Teil des Weges ist. Außerdem ist eine geteilte, zerstückelte Entwicklung niemals sehr gesund. Wenn eine der Bedingungen fehlt, wird der Weg unmöglich.

Selbst wenn am Anfang noch nichts möglich ist, kann doch ein Moment im Leben kommen, in dem man beginnt sich zu entwickeln. Es ist allerdings so, wenn man eines Tages nicht alle Bedingungen erfüllt, kann man nur bruchstückhafte Fortschritte machen, und der Moment wird kommen, an dem der Fortschritt einen Stillstand erreicht.

Kommen wir aber jetzt wieder zu unserem Ausgangspunkt zurück: Die Formen des menschlichen Wissens entstammen, wie wir gesehen haben, aus dem Gehirn des gewöhnlichen Menschen, jenem, den die Wissenschaft als ein höher entwickeltes Tier betrachtet. Wenn also all diese Kenntnisse und Theorien sowohl im wissenschaftlichen Bereich, wie auch auf politischer, sozialer, philosophischer und religiöser Ebene an den Tier-Menschen gebunden sind, so heißt das auch, dass sie mit Kräften zusammenhängen, die den Menschen im Zustand des Tieres behalten wollen, ihn an die Materie fesseln wollen. So schön und genial diese Kenntnisse auch manchmal sind, so hängen sie doch mit den «ahrimanischen» und manchmal auch «luziferischen» Kräften zusammen.

Das esoterische Wissen: das Mittel zur Äußerung des Geistes

Wenn man esoterisches oder geistiges Wissen in sich aufnimmt, beginnt man vom Zustand des Tier-Menschen, der unter ahrimanischen und luziferischen Einflüssen steht, in einen Zustand zu kommen, der die Söhne Gottes, die Brüder von Jesus Christus auszeichnet. Dies bedeutet, man beginnt, den Prozess umzukehren, durch den man funktioniert. Anstatt sich der irdischen Persönlichkeit zu unterwerfen, die einer animalischen Evolution folgt und meistens an ein Leben gebunden ist, hört man auf sein tiefstes Inneres, und lässt diesem mehr und mehr die Möglichkeit, sich auszudrücken.

Das Studium esoterischen Wissens ist das Mittel, das dem Geist nach und nach erlaubt, sich auszudrücken. Jetzt werden wir versuchen, dies besser zu verstehen.

Zentren im Keimzustand: die höheren Zentren

Sie erinnern sich, dass wir den Menschen als Besitzer mehrerer Zentren beschrieben haben, ein intellektuelles, ein emotionales und ein physisches, das wiederum in ein motorisches, instinktives und ein sexuelles Zentrum aufgeteilt ist. Letzteres lassen wir im Moment außer Acht, wir werden später darüber reden. Der Mensch besitzt aber noch zwei weitere Zentren, ein höheres Gefühlszentrum und ein höheres intellektuelles Zentrum. Bei dem gewöhnlichen Menschen befinden sich diese Zentren in einem Keimzustand, sie funktionieren nicht wirklich, sie sind nicht erwacht, da die niederen Zentren mit allen Merkmalen, die wir schon beschrieben haben, sehr gut funktionieren, ungefähr so wie eine perfekt ausgestattete Maschine.

Das Problem ist, dass wir die Zentren nicht beherrschen, da in uns nichts ist, was sie beherrschen kann. Dies wäre die Rolle der höheren Zentren, die wir aber nicht entwickelt haben. Und solange die höheren Zentren ihre eigene Botschaft nicht verkünden können, diejenige unserer Essenz, unseres höheren Ich, unseres Geistes, solange funktionieren die niederen Zentren weiterhin mehr oder weniger chaotisch, da sie nun einmal aus Teilen der anderen Zentren zusammengesetzt sind und uns ständig in alle Richtungen hin- und herzerren.

Die höheren Zentren werden durch den Druck der Persönlichkeit dauernd beherrscht, und haben dadurch keine Möglichkeit sich zu offenbaren.

Die sieben Funktionen oder Zentren:

1. intellektuelles Zentrum

2. emotionales Zentrum

physischer Bereich:

3. instinktives Zentrum

4. motorisches Zentrum

5. sexuelles Zentrum

---

6. höheres emotionales Zentrum

7. höheres intellektuelles Zentrum

Die Harmonisierung der niederen Zentren durch Einflüsse vom Typ B und C – Die Verwendung des Symbols zur Entwicklung des emotionalen Zentrums

Wie wir bereits gesehen haben, können wir auf der Stufe unserer Persönlichkeit Einflüsse des Typs B und C in uns eindringen lassen, also Einflüsse, die uns nicht nur mit der Erde verbinden. Diese Einflüsse harmonisieren und verwandeln dann die Arbeit des niederen emotionalen und intellektuellen Zentrums. Diese Einflüsse können sowohl wahrhaftes Wissen sein als auch Impulse, die mit der Kunst oder der Religion zusammenhängen. Für das emotionale Zentrum ist ebenfalls eine Arbeit an Symbolen nützlich. In der Tat funktioniert dieses Zentrum teilweise noch durch Bilder und Symbole. Daher berührt uns auch Musik, Kunst und alles, was schön ist. Auch unsere Träume haben einen symbolhaften Charakter.

Diese symbolische Welt ist noch sehr tief in uns verankert, aus dem Grund kann man sie für eine Arbeit an sich selbst benutzen. Deshalb haben die Mystik und Esoterik in der

Vergangenheit Bilder und Symbole benutzt. Die Autoren heiliger Texte – denken Sie beispielsweise an die Apokalypse – wussten noch von der Notwendigkeit, durch diese Welt der Vorstellungen und Symbole zu gehen, in der sich das niedere emotionale Zentrum befindet, damit höhere Kräfte in den Menschen eindringen konnten.

Einflüsse des Typs B und C harmonisieren das niedere emotionale und intellektuelle Zentrum, genauso wie die Arbeit an sich selbst, also Meditation, meditative Bewegungen, gewisse Atemübungen und Ähnliches, um den physischen Körper umzuwandeln und zu beginnen, ihn zu harmonisieren.

Das Erwachen des höheren emotionalen Zentrums durch die Arbeit an dem niederen emotionalen Zentrum

Sobald das niedere emotionale Zentrum ernährt wird, beginnt eine Verbindung mit dem höheren emotionalen Zentrum zu entstehen. Alle spirituellen Einflüsse des Typs B und C, die in unser niederes Zentrum eindringen und mit einer inneren Arbeit an diesem Zentrum verbunden sind – eine Arbeit, unsere Emotionen und negativen Gefühle zu beherrschen – wirken mehr und mehr auf das höhere emotionale Zentrum. Aus diesem Grund ist die esoterische Arbeit vor allem eine Arbeit am emotionalen Zentrum, da von dort aus Kräfte in das höhere emotionale Zentrum eintreten können, die es erwachen und in Bewegung setzen lassen. Für einige ist auch dies ein Begriff: Ein Chakra beginnt sich zu drehen und mehr und mehr zu öffnen.

Die Harmonisierung der verschiedenen Zentren

Eine weitere Bedingung ist notwendig, um das niedere emotionale Zentrum zu harmonisieren. Gewiss muss man es ernähren, aber gleichzeitig muss man auch auf das intellektuelle und physische Zentrum einwirken.

Für den physischen Körper wären dies gewisse physische Übungen, beispielsweise im Bereich der Atmung, ein gewisser

Tagesrhythmus trägt ebenfalls zur Harmonisierung des physischen Zentrums bei. So kann man sich Zeiten festlegen, zu denen man aufsteht, zu Bett geht bzw. seine Mahlzeiten einnimmt. Eine Nahrung von gewisser Qualität ist auch ein Mittel, den physischen Körper zu harmonisieren und auf den physischen Teil des emotionalen Zentrums zu wirken.

Damit der Körper ausgeglichen funktionieren kann, ist es auch notwendig, dem niederen intellektuellen Zentrum eine entsprechende Nahrung zu geben, die nicht nur aus abstrakten Kenntnissen bestehen darf, so wie das heutzutage der Fall ist.

Das Erwachen des höheren intellektuellen Zentrums

Ein fortschreitender Harmonisierungsprozess der drei niederen Zentren führt dazu, dass das höhere emotionale Zentrum anfängt zu funktionieren. Von dem Moment an, an dem es in richtiger und ausgeglichener Weise arbeitet, beginnt es damit, das höhere intellektuelle Zentrum in Bewegung zu setzen. Der intellektuellste Teil des Geistes beginnt dann, richtig zu funktionieren. Der Mensch fängt an, richtig auf die Welt zu reagieren, richtig zu entscheiden, und hat von diesem Moment an wahren Willen und die Möglichkeit zu wahrem Handeln.

Die Notwendigkeit einer Arbeit an den drei Zentren

Dies ist die einzig mögliche Vorgehensweise. Die spirituelle Entwicklung zur Erleuchtung, zur Einweihung oder zum wahren Wissen geht immer durch diese drei Stufen. Es ist beispielsweise unmöglich, das höhere intellektuelle Zentrum durch eine Anhäufung von Wissen im niederen intellektuellen Zentrum in Bewegung zu setzen.

Frage: Alles beginnt also bei der Harmonisierung des emotionalen Zentrums durch das Beherrschen von Emotionen und Gefühlen?

– Genau. Um aber zu dieser Beherrschung zu gelangen, ist es vorab notwendig, eine intellektuelle Arbeit zu leisten,

Dinge zu verstehen, gegen negative Gefühle und gewisse Emotionen zu kämpfen. Es ist auch nötig, auf das physische Zentrum zu wirken, auf die physischen Instinkte, die sonst ständig das emotionale Zentrum verwirren. Ohne dies alles ist nichts wirklich möglich. Auch ein scheinbarer Fortschritt ist dann nur Illusion.

Frage: Ist das rein intellektuelle Wissen auch wichtig?

– Ein Minimum an Bildung ist notwendig, nicht in der Anhäufung von Wissen, sondern durch die Gestaltung eines Teils des Geistes, des intellektuellen Teils des intellektuellen Zentrums. Jemand, der große Lücken im Bereich der abstrakten Logik hätte und trotzdem einen Weg gehen wollte, bekäme große Schwierigkeiten, den emotional intellektuellen Teil des niederen emotionalen Zentrums zu harmonisieren. Die Dinge sind miteinander verbunden. Auf einem inneren Weg voranzukommen bedeutet wirklich, immer vollkommener zu werden und alle Teile seines Wesens zu entwickeln. Man kann nicht nur mit einem Teil seiner selbst etwas Höheres erreichen. Es wäre so, als ob ich durch den Saal ginge und meinen Arm an der Tür stehen ließe. Kein Teil des Geistes oder der Seele kann zurückgelassen werden. Daran erkennt man entwickelte Menschen: Sie sind in allen Bereichen ihres Wesens entwickelt. Sie haben nichts zurückgelassen, sie interessieren sich immer für alles.

Frage: Was ist die Rolle des sexuellen Zentrums?

– Sie erinnern sich, dass ich vor den Vorträgen über den Vierten Weg einen Vortrag über Sexualität gehalten habe, um eine Serie von Vorträgen über Mann und Frau zu beenden. Es handelte sich dabei in Wirklichkeit um die Einführung in den Vierten Weg, in ein tiefes esoterisches Wissen, denn es ist absolut wesentlich, die Idee der Sexualität und damit von Mann und Frau zu verstehen. Tatsächlich stammen alle Energien, die eine Arbeit des intellektuellen, emotionalen und physischen Zentrums ermöglichen, aus dem sexuellen Zentrum, alle Energien stammen aus diesem Zentrum. Wir werden später sehen, wie dieses sexuelle Zentrum in die anderen integriert wird und wie ein anderes Zentrum, das es am Anfang nicht gegeben hat, mit einbezogen wird: das magnetische Zentrum.

Der einzig mögliche Weg, den Geist zu erreichen

Kein Wissen, keine menschliche Theorie hat die Möglichkeit, die höheren Zentren zum Arbeiten zu bringen, den Menschen vom gewöhnlichen Zustand zu jenem zu bringen, den die Anthroposophie den Zustand des *Geistesmenschen* nennt. Der Mensch kann noch so intelligent, gebildet und genial sein, wenn er diesem Weg nicht folgt, wird er niemals den Geist in sich entwickeln. Alles beginnt mit der menschlichen Persönlichkeit des gewöhnlichen Menschen, einer Persönlichkeit, die aus der mechanischen Funktionsweise der verschiedenen Zentren geformt ist.

Das höhere emotionale Zentrum muss geboren werden, damit dieses dann wiederum dem höheren intellektuellen Zentrum Leben schenkt. Dann wird der Mensch geboren, der die Schwelle überschritten hat, er wird ein Eingeweihter, ein erleuchteter bzw. entwickelter Mensch.

Es ist der Weg vom Tier-Menschen zum Geist-Menschen. Dieser Vorgang kann nur dann stattfinden, wenn der Mensch Einflüsse des Typs B und C in sich eintreten lässt und er sie durch das Studium und die Meditation umwandelt. Von diesem Moment an beginnt die Umwandlung.

✧

DIE BILDUNG DES MAGNETISCHEN ZENTRUMS

28.07.92

Von der Unterbrechung der alten mechanischen Verbindungen zu einer neuen Koordination Von der traditionellen Moral zum wahren Bewusstsein

Heute Abend werden wir gemeinsam einen letzten Aspekt der verschiedenen Zentren der menschlichen Natur studieren. Dabei werden wir versuchen zu verstehen, wie sie untereinander verbunden sind und wie die niederen Zentren mit den höheren in Verbindung stehen. Dann werden wir den ersten Teil der Einführung in den Vierten Weg durchlaufen haben.

Die verschiedenen Zentren (zur Erinnerung)

Wie wir gesehen haben, besitzt der Mensch mehrere Zentren: ein niederes intellektuelles und ein höheres intellektuelles Zentrum. Das niedere intellektuelle Zentrum ist zersplittert, in Bereiche aufgeteilt, es hat zwei Hälften, eine positive und eine negative, von denen jede einen rein intellektuellen Teil besitzen, einen intellektuell-emotionalen und einen intellektuell-physischen Teil. Das höhere intellektuelle Zentrum bildet ein Ganzes für sich, eine Einheit.

Das niedere emotionale Zentrum ist im Brustkorb lokalisiert und ist ebenfalls in positiv und negativ aufgeteilt sowie in verschiedene Sektoren: den rein emotionalen Teil, den emotional-intellektuellen und den emotional-physischen Teil.

Neben diesem Zentrum befindet sich das ungeteilte höhere emotionale Zentrum.

Im unteren Körperbereich ist das physische Zentrum lokalisiert, gegliedert in den rein physischen, den physisch-emotionalen und den physisch-intellektuellen Teil, jeweils positiv und negativ, außerdem ist das physische Zentrum in das motorische und instinktive Zentrum aufgeteilt. Die Funktionsweisen des sexuellen Zentrums schließlich haben wir noch nicht erklärt, es ist aber, wie die höheren Zentren, nicht aufgeteilt und bildet unseren Energiespeicher.

Das magnetische Zentrum bildet sich langsam unter den Einflüssen des Typs B – dies sind wissenschaftliche, künstlerische und religiöse Einflüsse – sowie durch wahre geistige Einflüsse, die des sogenannten Typs C. Man kann davon ausgehen, dass es sich im medianen Teil des Körpers befindet, in der Herzgegend.

Die Entwicklung des magnetischen Zentrums: eine Umwandlung des inneren Lebens und der Beziehungen

Mit fortschreitender Entwicklung dieses magnetischen Zentrums perfektionieren sich die niederen Zentren und ihre Beziehungen untereinander verändern sich. Eine andere Funktionsweise stellt sich ein, die zur Veränderung unseres Innenlebens wie auch unserer Gedanken, Emotionen und teilweise auch unseres physischen Lebens führt. Diese Veränderung wirkt sich durch eine Verwandlung unserer Beziehungen zu unserer Umwelt aus.

Voneinander unabhängige Zentren

Wir haben kürzlich gesehen, dass die Funktionsweisen dieser verschiedenen Zentren voneinander abhängen, dass es Wechselwirkungen zwischen ihnen gibt, vor allem, weil jedes dieser Zentren einen Teil der anderen enthält. Ebenso kommt durch jede Bewegung in einem Zentrum automatisch eine Bewegung in den anderen zustande. Jede Regung des emotionalen Zentrums setzt beispielsweise das intellektuelle und physische Zentrum in Bewegung: Wenn Sie unter dem Einfluss einer Emotion stehen, steigt Ihnen die Röte ins Gesicht, Ihr Herz beginnt schneller zu schlagen oder Ihr Magen zieht sich zusammen. Aufgrund dieser Abhängigkeit ist der gewöhnliche Mensch unfähig, einen reinen Gedanken zu haben.

Es gibt immer ein Gemisch von Gefühlen und sogar physischen Kräften in den Gedanken. Der Mensch ist nicht nur unfähig, reine Gedanken und Gefühle zu haben, sondern er ist auch unfähig, nach einem reinen Willen zu handeln: Auf der Ebene des physischen Zentrums, die auch teilweise die Ebene des Willens ist, ist der Mensch unfähig, eine klare und reine Entscheidung zu treffen.

Gebunden an die Wechselwirkung der verschiedenen Zentren: eine mechanische Moral

Beim gewöhnlichen Menschen ist diese Wechselwirkung mechanisch, als wären die Zentren wirklich miteinander verbunden. Tatsächlich ist dieser Mechanismus das, was die Menschen gewöhnlicherweise für die individuelle Moral halten – nicht das wahre Moralbewusstsein, das etwas Höheres ist und dem Geist angehört, sondern eine Moral, die aus etwas Moralbewusstsein und allen möglichen persönlichen Interessen besteht.

Diese Form von Moral funktioniert mechanisch in uns. Sie hängt sowohl mit der Erziehung als auch mit Traditionen aus Familie, Schule und sozialem Umfeld zusammen. Ganz gleich, ob man all das nun akzeptiert oder abgelehnt hat, das Phänomen ist das gleiche, es wirkt ein und dieselbe Kraft.

Unsere Persönlichkeit hat sich aus all diesen Teilen zusammengesetzt, die sie sich mehr oder weniger gut zu eigen gemacht hat, und sie reagiert weiterhin spontan und automatisch in einer moralischen Haltung, von der wir glauben, sie sei die unsere.

Frage: Es gibt aber doch Unterschiede. Zwei Kinder, die in derselben Familie geboren werden und denselben Einflüssen unterliegen, sind trotzdem verschieden.

– Der Unterschied kommt durch etwas zustande, das bereits vorher existiert. Dieselbe Erziehung bei zwei unterschiedlichen Kindern hat aus vielerlei Gründen einen unterschiedlichen Einfluss: Sie erhalten diese nicht zur selben Zeit und stehen unter anderen Einflüssen, die wiederum die Erziehung verändern.

All das läuft mechanisch, automatisch in uns ab. Daher kommt auch das spontane Reagieren, das an unsere Individualität gebunden ist. Einige sagen dazu: «Das ist meine Natur.» Tatsächlich aber ist das überhaupt nicht unsere wahre Natur, eines Tages muss man dies verstehen! Es sind die Erfahrungen der Vergangenheit, die Konditionierungen und Mechanismen. Das soziale Leben wäre jedoch ohne diese individuelle Moral praktisch unmöglich. Ohne die Erziehung, ohne all diese Mechanismen würde Chaos herrschen. Daher habe ich kein Werturteil abgegeben, ich habe einfach eine objektive Realität beschrieben. Der gewöhnliche Mensch funktioniert so, und diese Funktionsweise hat ihre Berechtigung, unter anderem dient sie dazu, ein scheinbares soziales Gleichgewicht aufrecht zu erhalten. Sie hat also ihren Nutzen.

Das wahre Bewusstsein stammt aus den höheren Zentren

Ich sagte es vorhin: Diese Moral ist nicht das wahre Bewusstsein, jenes, das manchmal zu uns spricht und das nicht aus dem Mechanismus sondern dem höheren Zentrum stammt. Darin besteht der große Unterschied zwischen dem authentischen Bewusstsein und der oberflächlichen Moral, die mit den Vorurteilen, der Erziehung, der Umgebung und persönlichen Interessen Hand in Hand geht. Aus diesem Grund ist diese persönliche Moral je nach Zeit und Ort eine andere: Die Moral eines Asiaten ist nicht wie die eines Europäers, die Moral eines Menschen aus dem 20. Jahrhundert gleicht nicht der eines

Menschen aus dem 19. Jahrhundert, wohingegen sich das wahre Bewusstsein niemals verändern kann, da es aus etwas Unveränderlichem stammt, das mit dem Göttlichen verbunden ist. Es ist universell.

Grund für das Verschwinden traditioneller Werte: eine Unterbrechung der mechanischen Wechselwirkung der Zentren untereinander

Unsere gewöhnliche persönliche Moral hängt also damit zusammen, dass die Wechselwirkung zwischen den Zentren mechanisch ist. Wenn man aber den heutigen Menschen beobachtet, stellt man fest, dass das moderne Leben aus allen möglichen Gründen, die mit seiner Natur zusammenhängen, vor allem aber durch den Stress, den dieses moderne Leben hervorruft, zu einer Lockerung, einer Unterbrechung der Verbindungen zwischen den drei Zentren führt. Da aber aus dem Zusammenspiel der drei Zentren die persönliche Moral entsteht, ist das Ergebnis dieses Bruches ein Verlust der traditionellen moralischen Werte, ein Phänomen, das wir in unserer Gesellschaft feststellen.

Dekadenz oder Möglichkeit, eine wahre Moral zu schaffen

Dieses wäre an sich nicht schlimm, da es sich um vollkommen mechanische Werte und Moralvorstellungen handelt, wenn sie durch authentische Werte ersetzt würden. Es ist aber nichts da, um sie zu ersetzen.

Wir werden also Zeugen einer zunehmenden Dekadenz unserer Zivilisation, außer bei denjenigen, die zwar auch unter dem Einfluss dieses Bruches stehen, ihn aber dadurch ersetzen, dass sie ein magnetisches Zentrum ausbilden und ihre höheren Zentren in Bewegung setzen. So erschafft man eine wahre individuelle Moral, die zu einer umfassenden Authentizität strebt, derjenigen des Bewusstseins.

Frage: Diese Verbindungen erlaubten das soziale Leben. Hat ihr Bruch demnach auch eine Auswirkung auf das soziale Leben?

Ein Bruch der sozialen Beziehung
Der Krieg aller gegen alle

– Ja, dieser Mechanismus ermöglicht es dem sozialen Leben zu bestehen. Was geschieht jedoch im Augenblick? Das soziale Leben verfällt. Die Menschen verschließen sich immer mehr in sich selbst, Banden und Gruppen stehen in Konflikt miteinander, Elemente der Zerstörung der Gesellschaft setzen ein. Man braucht sich nur anzuschauen, was vor einiger Zeit in Los Angeles geschehen ist. Dies sind typische Phänomene, die mit diesem Bruch zu tun haben. Natürlich wird der Soziologe soziale Gründe dafür finden können, das ist aber nur die äußere Erscheinung der Dinge. Der tiefere Grund besteht in dem Bruch der Verbindungen in jedem Einzelnen. Phänomene dieser Art wird man überall auf der Welt beobachten können. Es wird immer schwieriger werden, in der Gesellschaft zu leben. Die gesamten sozialen Strukturen werden immer mehr zerstört werden, und die zukünftigen Regierungen werden gezwungen sein, immer mehr Druck auszuüben, um die einzelnen Menschen dazu zu bringen, sich weiterhin sozial zu verhalten. Aus dem Grund gibt es immer mehr und immer einschränkendere Gesetze und Regelungen.

Gleichzeitig wird sich dieser Bruch, der beim Einzelnen in seinen Zentren zu beobachten ist, auf die zwischenmenschlichen Beziehungen oder Gruppen auswirken, die sich immer weiter voneinander absondern – jeder sitzt bereits heute vor seinem Fernseher oder Computer. Das Phänomen wird sich zuspitzen. Das soziale Leben wird insgesamt immer weiter aufgegliedert sein. Das ist das Bild der Zukunft. Wir werden uns also in dem wiederfinden, was Johannes in seiner Offenbarung «den Krieg aller gegen alle» genannt hat. Es wird nur noch Individuen geben, die untereinander verfeindet sind.

Zuhörer: Andererseits bemerkt man, dass sich das Vereins- oder Gruppenleben immer mehr entwickelt.

– Das ist der Versuch einer Reaktion der Menschen, auf diesen Bruch zu reagieren. Diese Menschen haben unbewusst das Bedürfnis, erneut Verbindungen zu schaffen. Wir befinden uns in einer Übergangsphase, in der noch alles in Bewegung ist, das wird aber nicht andauern. Was ich hier beschreibe, wird in den nächsten 20, 30 oder 40 Jahren eintreten.

Frage: Bedeutet dieser Bruch, dass eines der Zentren mehr arbeitet als ein anderes?

– Tatsächlich bevorzugt unsere Gesellschaft immer mehr das intellektuelle Zentrum auf Kosten des emotionalen Zentrums. Gefühle werden in der Gesellschaft eine immer kleinere Rolle spielen. In Begriffen der Anthroposophie ausgedrückt kann man sagen, dass wir zur Zeit in eine Phase eintreten, in der die sogenannten «ahrimanischen» Kräfte, die vor allem intellektueller Natur sind, die Menschheit immer mehr beeinflussen werden, indem sie die «luziferischen» Kräfte, diejenigen der Gefühle, immer mehr zurückdrängen. Diese Entwicklung können Sie im täglichen Leben feststellen. Die Menschen handeln immer weniger aus ihren guten Gefühlen heraus.

Vom magnetischen Zentrum geht eine neue Führung der verschiedenen Zentren aus: das wahre Bewusstsein

Sobald das magnetische Zentrum zu funktionieren beginnt, verändern sich die mechanischen Verbindungen, die zwischen den intellektuellen, emotionalen und physischen Zentren bestanden. Nach und nach stellt das magnetische Zentrum eine direkte Verbindung zu jedem einzelnen Zentrum her. Es wird die Funktionsweise der anderen leiten, die alten Verbindungen verschwinden. Der Mensch erlangt wieder die Fähigkeit, reine Gedanken, reine Gefühle und einen reinen Willen zu haben, d.h. der Mensch beginnt überhaupt erst damit, wirklich zu denken, zu fühlen und zu wollen. Er wird aus dem

Gefängnis der mechanischen Konditionierung der Zentren und dem Automatismus der Funktionen heraus kommen. Vor allem wird er aufhören alles zu vermischen. Im Leben vermischen wir Gedanken, Gefühle und Willen, daher wissen wir oft nicht, was wir wirklich denken, wollen oder empfinden. Die Bildung des magnetischen Zentrums wird bei dem Menschen auf einem inneren Weg – in unserer Terminologie ein Mensch Nr. 4 – Ordnung in das Durcheinander bringen, und ihm helfen, seine Gefühle und seinen Willen zu beherrschen.

Wie beim gewöhnlichen Menschen wird eine Unterbrechung der Verbindungen zwischen den Zentren eintreten, diese werden aber vom magnetischen Zentrum ersetzt, das mit der Zeit alles leitet. Die zuvor bestehende persönliche Moral wird verschwinden, jedoch wird sie durch neue wahre Werte ersetzt, durch das wahre Bewusstsein.

Alle, die auf einem Weg sind, und alle, die eine Unterrichtung wie diese befolgen, auch wenn sie sie nicht anwenden und nur zuhören, sind durch die Kräfte berührt, die in dieser Unterrichtung enthalten sind. Sie erfahren eine Umwandlung ihres Seins, das ganz natürlich zur fortschreitenden Bildung des magnetischen Zentrums führt, alte Werte zerbrechen und neue Werte tauchen nach und nach auf. Jeder weiß, dass dies keine leicht umzusetzende Sache ist. Der Bruch mit diesen falschen Werten ist nicht einfach, machen diese doch den Rahmen unserer Persönlichkeit aus. Es ist nicht einfach, sich von allem Falschen zu befreien, um zum Wahrhaftigen zu gelangen. Wir hängen an diesen Werten, sogar wenn sie falsch sind, und sie aufzugeben lässt uns leiden.

Auf einem Erkenntnisweg kann man oft entmutigt sein, wenn man seine Fehler erkennt und seine Unfähigkeit sieht, im Leben richtig zu reagieren. Das aber gehört zum Weg. Langsam führt dies zu einer grundlegenden Veränderung des Seins.

Vom Schein zum wahren Sein: Scheinheiligkeit abschaffen

Zuerst geht es darum, eines der großen Merkmale der menschlichen Natur abzuschaffen: die Scheinheiligkeit uns selbst und den anderen gegenüber. Insbesondere handelt es sich um diese ganze unbewusste Scheinheiligkeit, die uns an alle möglichen falschen Werte glauben lässt, weil sie uns gerade passen und uns eine einigermaßen akzeptable Sichtweise unserer selbst erlauben. All diese Illusionen, die wir über uns selbst haben, müssen zerstört werden, damit es uns gelingt, wirklich wir selbst zu sein. Man muss vom Schein zum wahren Sein gelangen.

Wir leben in einer Welt, in der man seine Zeit damit verbringt, zu versuchen einen Schein aufrecht zu erhalten, um sein Gesicht sich selbst und den anderen gegenüber zu wahren. Weil man nicht ist! Es handelt sich hierbei nicht um eine Theorie, sondern um eine Wahrheit aus dem täglichen Leben.

Der Hochmut: die Illusion, sich selbst gegenüber

Dieser Weg ist schwierig und eine Qualität auf dem Weg zu sich selbst ist unerlässlich: die Demut. Geduld, Ausdauer und Demut. Sie allein erlauben den Kampf gegen Eitelkeit und Hochmut. Im Hochmut stellt sich der Gegensatz dar zwischen unserer Persönlichkeit, dem, was wir glauben zu sein und wir auch tatsächlich aufgrund des völlig mechanischen Funktionierens sind und unserer tiefen Essenz. Eine der Definitionen vom Hochmut könnte lauten, dass sich die sichtbare Persönlichkeit wichtiger findet als unsere tiefe Essenz, unser wahres Ich. Der Hochmut hängt mit der Illusion zusammen, die wir über uns selbst haben. Wenn wir in unserer Eitelkeit oder unserem Hochmut verletzt sind, geschieht dies immer in unseren niederen Zentren und niemals im höheren Teil unserer Selbst. Im Brief des Jakobus, Kapitel 4, Vers 6 wird gesagt: «Gott widersteht den Hoffärtigen, aber den Demütigen gibt er Gnade.» Gott oder die Kenntnis, alles was wahrhaft höherer Natur ist. In den Sprüchen des alten Testamentes,

Kap. 29, Vers 23 liest man: «Die Hoffart des Menschen wird ihn stürzen, aber der Demütige wird Ehre empfangen.» Es steckt viel Weisheit in den religiösen Schriften. All diese heute übermittelten Angaben auf den Wegen zur Kenntnis seiner selbst wurden bereits in der Vergangenheit formuliert, manchmal unter anderen Formen. Dasselbe Wissen wirkt über die Jahrhunderte hinweg.

Die sexuelle Energie wird von den niederen emotionalen und intellektuellen Zentren abgelenkt

Wir haben gesehen, dass die niederen Zentren der menschlichen Natur (niederes intellektuelles, emotionales und physisches Zentrum) zerteilt sind, in Sektoren aufgesplittert, während die höheren intellektuellen und emotionalen Zentren jeweils eine Einheit bilden. Auch wenn das sexuelle Zentrum nicht den höheren Zentren angehört, so ist es doch genauso aufgebaut wie diese, es ist auch eine Einheit.

Wenn das sexuelle Zentrum mit dem physischen Zentrum in normaler Beziehung steht, wird die sexuelle Energie richtig genutzt, aber in seiner Beziehung mit den anderen Zentren verhält es sich leider nicht so. Ein großer Teil der sexuellen Energie ist tatsächlich fehlgeleitet und wird von den niederen emotionalen und intellektuellen Zentren benutzt, und genau wie jede Sache, die sich nicht am rechten Ort befindet, hat dies negative Auswirkungen. Das Entstehen aller Illusionen hängt mit dieser Fehlleitung zusammen, und sie bewirkt, dass wir alles Wesentliche und Unwesentliche durcheinanderbringen. Darin liegt der Ursprung des Fanatismus, des Starrsinns, den wir um uns herum beobachten können und auch selbst manchmal zeigen. Sobald wir jedoch auf einem Weg der Kenntnis unseres Selbst vorankommen, wird diese sexuelle Energie, die zuvor durch die emotionalen und intellektuellen Zentren zur Illusion hin fehlgeleitet wurde, auf richtige Weise genutzt. Sie beschleunigt dann die Arbeit des magnetischen Zentrums und erlaubt mit der Zeit, dass der Mensch 1, 2 oder 3 zum Menschen Nr. 4

wird, der den Weg zur Selbsterkenntnis eingeschlagen hat und langsam zu dem vorankommt, was manche die Erleuchtung, das Erwachen oder die Einweihung nennen.

Die Vereinigung: Die Entwicklung des magnetischen Zentrums

Sobald das magnetische Zentrum zu existieren und zu funktionieren beginnt, entsteht eine besondere Situation zwischen allen Zentren. Indem dieses magnetische Zentrum stärker wird und sich entwickelt, wird es das niedere und höhere emotionale Zentrum miteinander verbinden, mit der Zeit wird es sie umfassen und schließlich mit ihnen ein einziges Zentrum bilden, das dann magnetisches oder auch höheres emotionales Zentrum genannt wird. Das ist der Vorgang. Alles niedere Emotionale in uns bindet sich an das höhere Emotionale und formt das magnetische Zentrum. Und im Verlauf der Vereinigung des niederen und des höheren emotionalen Zentrums, entwickelt sich der Mensch Nr. 4 weiter. Er entwickelt sich zum Erwachen hin und in einem bestimmten Moment überschreitet er die Schwelle und wird zum Menschen Nr. 5, zum Eingeweihten.

Dann lenkt das magnetische Zentrum sämtliche Energien des physischen und sexuellen Zentrums sowie des niederen und höheren intellektuellen Zentrums, und seine Handlungen werden die Wechselwirkungen zwischen den Zentren ersetzen. Wenn der Mensch Nr. 4 die Einweihungsschwelle überschreitet und ein Mensch Nr. 5 wird, kann man davon ausgehen, dass das magnetische Zentrum vollständig funktioniert und das wahre Ich besteht.

Wenn er sich noch weiter entwickelt, wird er ein Mensch Nr. 6, ein großer Eingeweihter, der nicht nur ein wahres, vereintes Ich besitzt, sondern auch ein göttliches oder kosmisches Bewusstsein, das in der Lage ist, die Gesetze wahrzunehmen, die das Universum lenken. Und wenn er sich noch weiter entwickelt, wird er ein Mensch Nr. 7, ein Bodhisattwa, also ein

Wesen, das durch und durch Schöpfer ist, das zu den Menschen zurückkehrt, um ihnen zu helfen, voranzukommen.

Vom Zustand des mechanischen animalischen Menschen zum göttlichen und schöpferischen Menschen

Dieser Entwicklungsweg des gewöhnlichen, mechanisch funktionierenden Menschen zum Zustand des Menschen Nr. 5, 6 oder 7 ist der Weg, der den Menschen vom tierhaften Zustand zur göttlichen, schöpferischen Individualität führt. Das entspricht der Erfüllung der Worte von Jesus Christus: «Werdet vollkommen wie mein himmlischer Vater vollkommen ist», Bruder des Christus werden, Sohn Gottes, d.h. wie Gott: Das ist der Vorschlag, den der Vierte Weg dem Menschen macht. Zunächst geschieht das durch die Aneignung gewisser Kenntnisse, eines Wissens und der Umsetzung in die Praxis. Ab einem gewissen Moment des Weges wird jedoch eine Dimension angeboten, die weit über das Künstlerische, Wissenschaftliche und Religiöse hinausgeht, eine wahrhaft geistige und schöpferische Dimension.

Diese Unterrichtung wird jedem angeboten, jeder ist aber frei, seine Stufe zu wählen. Die einen wollen den höchsten Zustand erreichen, die anderen werden schon froh sein, ihre Mechanismen zu beherrschen. Andere wiederum werden sich damit zufrieden geben, die Unterrichtung nur anzuhören. Es kann aber gefährlich sein, sich darauf zu beschränken, sich dieses Wissen nur intellektuell anzueignen, weil jedes Wissen, das man nicht anwendet, einen Diebstahl bedeutet. Man könnte auch sagen, dass es zu einer Krankheit in einem wird.

✧

INHALTSVERZEICHNIS

✧

Ihre Suche Beginnt Hier

Selim Aïssel

Dieses Buch bildet die Basis eines jeden Erkenntnisweges. Es setzt sich zusammen aus Vorträgen, die von einem Meister des Vierten Weges im Rahmen einer Einweihungsschule in Frankreich gehalten wurden. Einige Themen sind: der Sinn des Lebens, der Weg zum Höheren, Kosmologie, die Selbsterkenntnis...

Der Autor, Selim Aïssel, lädt den Leser dazu ein, das Wissen nachzuprüfen, indem er dieses in seinem täglichen Leben zur Anwendung bringt.

ISBN: 3-935312-03-2

Es gibt den Weg

Psycho-Anthropologie und Spiritualität

Stephen Stuart Jr.

Ein Journalist auf der Suche nach Kuriosem trifft auf einen heute noch lebenden Eingeweihten und auf Dinge, die er nicht erwartet hat.

Außerdem erwarten Sie einige faszinierende Vorträge über den wahren Daseinsgrund des Menschen, seine ihm mögliche Entwicklung und das Leben nach dem Tod aus der Sicht eines Hellsichtigen.

ISBN: 3-935312-06-7

Spirituelle Psychologie

Teil 1: Theoretische Grundlagen

Selim Aïssel

Der Weg zur Einweihung geht durch die Kenntnis von sich selbst. Jemand, der seine Entwicklung wirklich zuende führen will, benötigt das in diesem Buch enthaltene Wissen. Einige Themen sind: die Selbstbeobachtung, Charakterzüge, Meditation, Typenlehre... Der Inhalt setzt sich aus öffentlich gehaltenen Vorträgen des Autors Selim Aïssel zusammen.

Man erhält neuartige Einblicke in die menschliche Psyche, die einen neugierig auf mehr machen.

ISBN: 3-935312-04-0

Spirituelle Psychologie

Teil 2: Eine praktische Anleitung

Selim Aïssel

Die praktische Anwendung der spirituellen Psychologie aller alten und neuen Weisheitsschulen finden Sie hier in einem Buch vereint. Zahlreiche Übungen sowie deren theoretischer Hintergrund laden Sie auf einen Weg zur Selbsterkenntnis und zur Erleuchtung ein.

«Erkenne dich selbst und du erkennst das Universum»

(Sokrates)

ISBN: 3-935312-05-9

Samadeva

Das Geheimnis der Derwische für ewige Jugend

Ennea Tess Griffith - Idris Lahore - Emma Thyloch

Die Grundübungen des Samadeva sind einfach zu lernen und sehr wirkungsvoll für Körper, Seele und Geist. Man nennt sie «das Geheimnis der Derwische für ewige Jugend». In nur 10 min. täglich bringen Sie sich in Form und haben Energie für den ganzen Tag. Samadeva entstammt aus der Bruderschaft der Derwische und bedeutet soviel wie «der göttliche Tanz». Diese Übungen wurden in den geheimen Schulen der Sarmanen gelehrt und sind für ihre revitalisierenden und verjüngenden Wirkungen bekannt.

ISBN: 3-935312-00-8

Die heilenden Verse

Die geheime Kraft der Worte

Pir Kejttep Ançari

Die Methoden und Geheimnisse eines Sufi-Meisters zur körperlichen und geistigen Heilung.

Dieses Wissen entstammt einer alten Einweihungsschule, weitab gelegen vom Rest der Welt. Bis heute hat diese Methode nichts von ihrer ursprünglichen Kraft eingebüßt. Heilen Sie sich selbst durch die Erkenntnis der Wahrheit, die tief in jedem Menschen verborgen liegt.

ISBN: 3-935312-07-5

Geschichten zur Erleuchtung

Der spirituelle Weg in Geschichten

Ennea Tess Griffith

Erzählungen, Gleichnisse, Weisheiten: Die Geschichten eines Meisters an seinen Schüler. In allen Zeiten wurden diese Geschichten im Rahmen eines Einweihungsweges erzählt. Dank der klaren Wahrheit in diesen Worten bleiben sie jedem im Gedächtnis erhalten.

Sie regen zum Nachdenken an und gewähren einen Einblick in die Denkweise eines wahren Meisters. Für jedes Alter geeignet.

ISBN: 3-935312-01-6

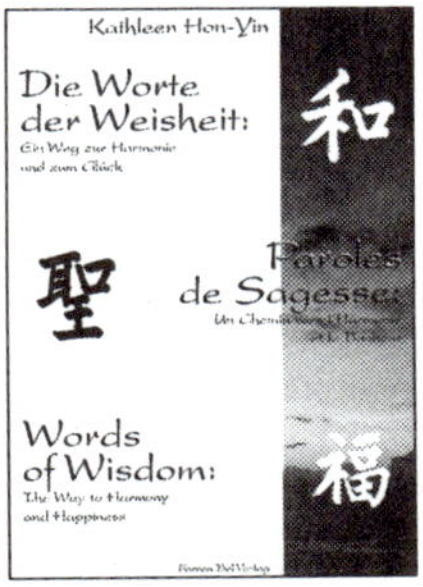

Die Worte der Weisheit:

Ein Weg zur Harmonie und zum Glück

Kathleen Hon-Yin

Finden Sie das Glück und die Harmonie in Ihrem Leben durch die Weisheiten des Tao. In der Anwendung dieses Wissens liegt der Schlüssel für «ein Leben, das es wert ist, gelebt zu werden».

Alle Texte sind dreisprachig: deutsch, französisch, englisch.

ISBN: 3-935312-02-4

Wünschen Sie nähere Informationen zu den Themen:

- Fernstudium in einer Schule der Psycho-Anthropologie
- Bücher, die in französischer Sprache erschienen sind
- Informationen über Neuerscheinungen in deutscher Sprache
- geplante Seminare in Deutschland

Benutzen Sie bitte die innenliegende Postkarte oder schreiben Sie direkt an den

Farren Bel Verlag
Postfach 10 09 42
66009 Saarbrücken
Fax: 0681/ 59 59 268

✧

· · · SAGIM · · ·

Achevé d'imprimer en octobre 2000
sur rotative Variquik par l'imprimerie
SAGIM à Courtry (77)